삶을 한 단계 업그레이드

인지적 사고

세상은 빠르게 변화하고 있습니다. 모든 것이 손안에서 이루어집니다. 정보는 실시간으로 공유되지만 유통기한은 너무나 짧습니다. 시시각각 업데이트되는 세상의 지식과 정보를 따라잡을 수는 없을까요?

인문, 사회, 정치, 경제, 비즈니스, 건강, 실용 등 현대인이 살아가면서 필요한 지식과 정보는 날로 다양해지고 세분화되는 현실 속에서 〈인지적 사고방식〉 시리즈는 이 시대를 살아가는 독자들에게 필요한 최신 정보와 지식을 제공합니다.

숨가쁘게 변해가는 세상의 모습을 제대로 짚어내려는 분들의 니즈를 반영하여 짧은 분량 안에 핵심적인 내용과 일상에 크고 작은 영향을 미치는 이슈와 살아가는 데 도움을 주는 주제, 풍요롭고 행복한 삶으로 이끌어주는 분야 등 교양과 실용성을 모두 만족시키는 내용을 통해 생각과 행동을 변화시키고 시대의 흐름을 읽어내는 통찰력을 얻기를 바랍니다.

| 인지적 사고방식 시리즈 07 |

더 이상 나를 건드리지 말아줘

양성희 지음

모아북스
MOABOOKS

생각을 심으면 행동을 낳는다.

행동을 심으면 습관을 낳는다.

습관을 심으면 성격을 낳는다.

성격을 심으면 운명을 낳는다.

- 새뮤얼 스마일스

다시 출발점에 서서

"저는 '주명은 대학'에 다니고 있습니다."

언제부턴가 나를 소개할 때 이렇게 말하곤 한다. 처음 들어보는 대학 이름에 사람들은 중국에 있는 대학인가 싶어 갸우뚱한다. 이윽고, 큰아이가 지적장애 1급인데, 아이에게서 인생을 배우고 있다고 밝히면 그제야 수긍하는 표정이다.

내 나이 스물다섯에 사랑하는 첫째 아이를 낳고 20년째 수업을 받는 중이다. 자식은 부모의 스승이다. 애가 셋인 나는 세 개의 대학에 다니고 있는 셈이다.

엄마가 되면 내 아이를 잘 가르칠 수 있을 줄 알았다. 그래서 내 주관대로 감정적으로 아이를 대했다. 자식이 스승인 줄 일찍

알았더라면 내 맘대로 굴지 않고, 아이의 심정을 헤아리며, 일방적인 당위로 짓누르는 일은 적었을 것이다.

20대의 자신감이 때론 비뚤어져서 자존심이 되었다가 열등감, 수치심으로 변해갔다. 그러다 결국 마음이 병들었을 땐 절망감과 자괴감 증세가 나왔다. '내가 이것밖에 안 되는 사람이었나?', '왜 이렇게 아이를 못 키우지?', '어떻게 살아야 하는가?' 라는 질문을 잠을 설쳐가면서 했다.

결국, 우울증에 걸려 바닥이 어딘지도 모르고 추락하고 말았다. 얼마나 울었는지 평생 흘릴 눈물을 다 흘린 것 같았다. 그랬던 내가 이제 낯선 이들의 손을 잡아주며 자신을 사랑하라고 '심리 치유' 수업을 하고 있다. 한마디로 용 됐다.

그러나 여전히 '나는 맞고 너는 틀리다' 식의 착각에서 벗어나진 못했다. 이 책을 쓰면서 그런 착각과 편협함을 버리려고 노력했다. 내가 힘든 시기를 헤쳐 나왔던 것처럼 진심으로 다른 이들을 돕고 싶다. 누구보다 힘들고 어려운 상황에서 나처럼 해결방법을 찾아 세상을 헤매고 있을 이들을 돕고 싶다.

남을 도울 생각을 하니 기운이 나고 공부가 재밌어졌다. 100점

짜리 좋은 엄마가 되고 싶었던 욕심을 내려놓고 70점으로 하향 조정하여 힘을 빼고 편히 살고 있다. 평소 하고 싶은 것을 찾아 나답게 살면서, 집과 아이에게 집중하지 않았다. 공부해라 뭐해라 하지 않고 독서와 바르게 사는 길을 인도하기만 했다. 잘못했을 땐 미안하다고 사과하고 잘했을 땐 서로 '엄지 척'을 날리며 '최고!'를 외쳤다.

이 책은, 몸과 마음이 힘들어 해결책을 찾아야 했고, 고군분투하며 방황했던 경험을 바탕으로 했다. 혼자가 안 되니 다른 이들에게 도움을 구했고 그러다 보니 여기까지 오게 되었다. 부디 감정을 치유하고 자신을 성장시키고자 하는 이들에게 도움이 되었으면 한다.

이 책은 크게 5장으로 구성하였다.

▶ 1장에서는 현대를 살아가는 우리가 왜 괴로움을 느끼는지, 분노하는 뇌를 다스리는 법과 생각을 지배하는 언어의 효과에 대해 알아본다. 또한, 시련을 행운으로 바꾸는 비결을 공개한다.

▶ 2장에서는 마음의 괴로움을 만드는 근원인 뇌의 구조와 역할에 대해 간단하게 알아보고, 괴로워하는 뇌의 구조를 원하는 방향으로 원하는 만큼 바꾸는 방법에 대해 제시한다.

▶ 3장에서는 우리의 뇌가 원하는 것이 무엇인지를 알아보고, 분노하는 뇌를 다스리는 법과 생각을 지배하는 언어의 효과에 대해 알아본다. 또한, 시련을 행운으로 바꾸는 비결을 공개한다.

▶ 4장에서는 마음을 편안하게 만드는 도구로써 저널 치유를 소개하고 저널 쓰기의 구체적인 지침을 알아본다.

▶ 5장에서는 내면의 치유를 위한 실제적 대처법으로 글쓰기 수업을 소개하여 실제 적용해 볼 수 있도록 구체적인 예를 들어보았다.

마음의 아픔은 저마다 크기와 무게가 다르고 원인과 결과가 다른 법이다. 마음의 아픔을 풀어내고 평화로움을 얻기 위해 내가 찾아다닌 흔적이 읽는 이들의 상황에 딱 들어맞지는 않겠지만, 그중에 하나라도 도움이 되는 부분이 있다면 더없는 기쁨이 될 것이다.

양성희

차례

1

우리는
왜
마음의 병을
안고 사는가?

아이의
아픔이
나의 아픔이 되다

장애아 엄마들은 아이가 초등학교에 입학하기 전까지 부단히 치료실에 다닌다. 놀이치료실, 언어치료실, 작업치료실 등에 다니며 아이를 '개선' 시키기 위해 한 회당 4~5만 원이나 하는 특수치료를 받는다. 저렴한 복지관에 가려면 기대를 갖고 기다려야 한다. 학교라는 문턱을 넘어 사회생활을 하게 만들겠다는 압박감으로 아이를 끌고다닌다.

그러던 어느 날, 치료사가 중간검사를 했는데 전보다 나아진 것이 전혀 없었다. 곧 입학인데 몇 년 전과 비교해서 차도가 없었고, 야속하게도 명은이는 정지해 있었다. 그곳에서 난생처음으로 짐승처럼 곡소리를 내며 울었다.

그리고 우울증이 찾아왔다. 묵묵히 자리를 지켜온 남편에게도 정이 느껴지지 않았고 결혼도 후회, 가정을 꾸린 것도 후회, 모든 것이 후회가 되었다. 무럭무럭 자라는 둘째에 대해서는 존재감도 못 느꼈고 명은이의 문제행동은 더 늘어났다. 울고 있는 엄마 옆에서 벽에 머리를 부딪치며 시비 걸 듯 자해를 하곤 했다. 참다못해 소아정신과에 데려갔다.

　"아이가 이상해요. 약이라도 먹여야 할 것 같아요."

　의사는 잠시 아이를 진찰하더니 나를 관찰하고 입을 뗐다.

　"아이는 괜찮습니다. 약은 엄마가 드셔야겠는데요."

　"예?"

　"엄마가 약을 드셔야겠다고요. 일주일 치 드릴 테니 잘 복용하고 다시 오세요."

　성의도 없어 보이는 그 의사에게 역정이라도 내고 나오면 시원하련만 패잔병마냥 고개를 떨구고 조용히 처방전을 받아 나왔다. 약국에 앉아 약을 기다리는 동안 땅바닥만 보다 왔다.

　어느 날 아침 자고 일어나면 아이가 정상이 되어 있지 않을까 기대하며 자는 날도 있었다. 제아무리 어리석다 비웃을지라도 그런 기대를 품고 잠들기도 했다. 우울증은 깊어지고 차라리 죽었으면 좋겠다는 생각도 하면서 나는 최소한의 모성애조차 사라진 병자가 되어 갔다.

그러던 중 우울증약이 잘 안 맞아서 고민하던 차에 좋은 상담사를 만나고 싶어 정신과 의사를 수소문해서 찾아갔는데, 사람의 마음을 이해하는 분 같았다. 한 달에 한 번 약 타러 가는 게 귀찮지 않았다. 3층까지 올라가던 그 계단이 나를 위한 유일한 구원의 통로였다.

"요즘 어떠세요?"

마음을 묻는 말이 반가웠다. 이 정신과 의사만이 내게 관심을 가지고 물어보기 때문이었다.

"깜깜해요. 깜깜한 데로 계속 떨어지고 있어요."

"바닥은 있나요?"

"아니요. 바닥은 없어요. 계속 떨어지고 있어요."

내 대답에 내가 놀랐다.

'맞아, 그래, 그렇게 떨어지고 있어. 내가 이렇게 살고 있구나.'

의사는 넋두리 같은 내 대답에 당황한 것 같았다. 생각보다 심각했던지 치료가 오래 걸리겠다고 생각한 듯싶었다.

꾸준히 다니면서 조금씩 증세가 나아지자 의사 선생님은 명은이 양육에 대해서 조언을 해주셨다. 치료사에게만 의존하지 말고 집에서 지도해보라고 하셨다. 쉬운 것, 할 수 있는 것부터 매일 약간의 시간을 내보라고 하시기에 그림책을 읽어주기 시작했다.

문예창작을 공부했을 때 아동문학 교수님이 추천하셨던 명작 그림책들을 밤마다 아이 둘을 양쪽에 끼고 읽어주었다. 아이들은 엄마랑 함께 하는 시간이 좋았던지 잠은 안 자고 책 이야기에 귀를 기울였다. 어릴 때 구연동화를 했던 경험으로 실감 나게 읽어주니 재밌어했다. 아이들에게 의미 있는 일을 해주니 아픈 내 마음도 치유되는 것 같았다.

그때 읽어주었던 책 중에 존 버닝햄의 《검피 아저씨의 뱃놀이》라는 책은 치료 서적이나 다름없었다.

'하지 말라는 걸 다 해버린 애들을 아무 조건 없이 모두 용서해주다니, 이런 사람도 있어?'

포용이나 용서를 몰랐던 나에게 무한 감동을 주는 주인공이었다. 명은이도 마찬가지여서 책이 너덜너덜해지도록 또 읽어달라며 조르곤 했다.

엄마로서 해준 가장 훌륭한 일은 책 읽어주기였던 것 같다.

그 무렵 장애인복지관에서 장애아 엄마들을 교육시키는 '장애
아부모 역량강화 상담교육 프로그램'이 생겼다. 이화여대 앞에
서 상담소를 운영하시는 박상희 소장님이 상담소의 상담사들을
다 참석시켜서 재능기부를 하게 하였다. 현장에서 장애인 가족
을 만나보면 공감하기 어려워 상담이 잘 이루어지지 않기에 차
라리 건강한 장애인의 가족을 교육시키면 일당백을 할 거라는
계획에서였다.

우연히 이끌려간 그곳에서 동아줄을 잡은 심정으로 개근을 하
면서 푹 빠져들었다. 누가 봐도 자존감이 바닥을 기고 있는 피폐
한 장애아 엄마 모습이었다. 그렇게 늦여름부터 초겨울까지 보내
고 나자 소장님은 이듬해엔 집단 상담을 해보자며 권유하였다.

상담이라는 수액을 맞고 겨우 늪에서 헤어나오던 차에, 그룹
속의 낯선 장애아 엄마들을 만나며 생동감을 느꼈다. 아무것도
하기 싫고 계속 우울감에 빠져 있다가도 나처럼 고통 속에 있을
엄마들을 생각하면 기운이 났다. 기운을 얻었으니 서울까지 일
주일에 한 번씩 나와서 하는 집단 상담은 할 만 했다.

엄마들 중에는 이혼하여 혼자 지적장애 2급의 딸아이를 키우는 워킹맘이 있었다. 그룹에서 가장 말이 없었는데 중반쯤 가자 소장님이 얘기를 해보라며 권하셨다.

"아이를 자꾸 때려요. 안 때리고 싶은데, 친정엄마도 때리지 말라고 하시는데……."

그녀는 굳은 표정에 아무와도 시선을 맞추지 못하고 한숨을 쉬며 말했다. 마치 재판정에 선 피고가 된 양, 판결과 야유만 남았다는 표정이었다. 역시나 다들 아이를 때린다는 말에 한마디씩 거들었다.

"그래도 애를 때리면 안 돼요."

"다른 건 몰라도 애를 때리는 건……."

아이를 때려본 적이 있는 나도 같이 판결을 받는 듯 마음이 불편했다. 이혼맘으로 장애아를 키우는 저 가련한 엄마를 구출해주어야 한다는 사명감 같은 게 들었다.

"다들 말씀 다 하셨으면 제가 할게요. 혹시 아이가 몇 살이에요?"

"일곱 살이요."

"일곱 살……. 엄마가 미치는 나이지요. 내년에 입학해야 하는

데, 나아진 게 없죠. 저도 그랬거든요."

그 엄마는 멈칫하더니 고개를 떨구었다. 변호를 해주기로 마음 먹은 나는 솔직히 고백했다.

"괜찮아요. 애 잘못될 정도로 엄마가 때리는 건 아니잖아요. 만약에 누가 때린다고 뭐라 하면 애 데려다가 한번 키워보라고 하세요."

순간 정적이 흘렀다. 이윽고 그 엄마가 흐느껴 울었다. 어깨를 들썩이며 울자 엄마들도 모두 울었고, 나도 소장님도 울고 말았다.

내면에서 스스로 깨달음이 왔다. 옳은 말로 충고하고 이론대로 알려주기는 쉽지만 그럴 수 없는 시기, 그럴 수 없는 상태가 오는 게 우리의 인생이다.

한참 울던 엄마는 나지막이 말했다.

"고맙습니다."

'자식을 때려도 괜찮다' 라는 말에 '고맙습니다' 라니, 절망감과 죄책감을 지고 있던 자신의 마음이 용서받는 심정이었나 보다. 숨죽이고 계시던 소장님이 입을 떼셨다.

"여러분, 방금 이곳에 강한 역동이 일어났습니다. 때려도 괜찮다고 하셨지만, 그 말대로 때리실 분은 없지요. 공감을 해주었기에 오히려 그 말이 위로가 된 것 같습니다."

그날 이후로 나는 상담사가 되고 싶은 열정이 생겼다. 정신분석을 받을 때, 수퍼바이저는 유년 시절의 기억을 더듬어 가장 초기의 기억을 적어보라고 하였다. 대여섯 살 때의 어렴풋한 기억을 적자 그분은 단어 하나씩 체크하기 시작했다. 일종의 최면에 걸린 것처럼 심연에 자리하여 나를 조종하는 원인을 하나씩 짚어주었다. 하나하나 수긍이 갈 만큼 매우 놀라운 경험이었다. 그래서 평소 글 쓰는 걸 즐겨하던 나는 상담과 글을 접목하면 좋겠다고 판단했다.

아이의 아픔이 곧 나의 아픔이 되는 지독한 우울증의 늪을 건너 새로운 희망이 보이는 삶을 발견했다. 그것은 글쓰기를 통해 마음을 치유하는 심리상담사의 길이었다. 이것도 모두 사랑하는 내 아이 주명이가 나에게 가르쳐준 삶의 가르침이자 깨달음일 것이다.

운명인 듯 아닌 듯, 고통의 끝에서 삶의 방향을 찾았다. 그동안

꾸역꾸역 버텨온 세월을 되돌아보니 내 앞에 서서히 보이기 시작하는 그 길은 한 줄기 빛처럼 느껴질 만큼 감동적이었고 감격스러웠다.

심리상담사라는 길을 정하고 나자 해야 할 공부의 분야가 자연스럽게 따라왔다. 바로 사람의 마음속을 조사하고 정신을 분석하는 일이었다. 더 정밀하게 방향을 잡아야 했다. 우선 해결해야 할 문제로는 '삶의 괴로움이 어디에서 오는가' 하는 것이었다. 괴로움이 왜 오느냐 하는 문제는 사실 공부를 한다고 알 수 있을 것 같지 않았다. 어디에서, 어떤 형태로 오는지 알아야 실마리가 풀릴 것 같았다. 이미 길은 정해졌다. 나는 공부의 바다로 천천히 항해를 시작했다.

괴로운
삶의
연속

　난 심리상담사의 길을 가기 위해서 삶의 괴로움이 어디에서 오느냐에 대한 답을 찾기 위해 연구 자료들을 보며 최근에 생존을 위해 괴로움이 온다는 진화생물학적 견해에 끌리기 시작했다. 생존 문제, 즉 살아남는 일에 문제가 생길 때 우리 몸은 괴로움이라는 신호를 보낸다는 사실들을 알게 됐다.

　괴로움이라는 신호가 발생되는 원인을 크게 세 가지로 본다.

　첫째, 변화를 받아들이지 못하고 억지로 안정을 추구할 때 괴로움이 생긴다. 자연은 끊임없이 변화하는 것이 기본 속성으로,

새로운 것으로 변했다가 사라져버리기도 한다. 그런데 자연의 일부인 인간은 변화를 두려워하고 현 상태를 유지하려 한다. 변화를 따라가면 수월한데 거스르려고 하니까 괴로움이 생긴다.

둘째, 일시적인 쾌락을 추구할 때 괴로움을 느낀다. 인간은 부, 출세, 권력 등 덧없는 가치를 향해 달려가는 경향이 강하다. 늘 불안하고 위험이 도사리는 세상살이는 만만치 않다. 이럴 때 일시적으로 안정을 추구하거나 순간적인 쾌락에 쉽게 빠져든다. 괴로움을 낮추거나 미루려는 몸부림이지만 근본적으로 괴로움을 없앨 수는 없다.

셋째, 자신을 스스로 외부 세계와 차단할 때 괴로움이 생긴다. 살아남기 위한 경쟁이 치열한 오늘날, 우위나 독점을 취하기 위해 스스로 고립을 선택한다. 이때 생기는 괴로움은 고립감이나 단절감이다. 이렇게 되면 소통과 공감력이 떨어지게 되고 그 결과 온갖 사회 문제가 빈번하게 발생한다.

그렇다면, 괴로움은 실제로 우리 몸의 어느 부분에서 일어나는 것일까?

바로 우리 뇌에서 일어난다. 고도로 발달한 인간의 뇌는 온갖 정신적인 고통을 경험한다. 좋은 소식은 고통을 일으키는 곳이 뇌이지만, 고통을 치유하는 곳도 뇌라는 것이다.

직접적인 치료제를 써서 일시적으로 고통을 치유할 수는 있지만, 복잡한 정신작용을 하는 뇌는 다시 괴로움을 만들어낸다. 괴로움을 없애는 근본적인 방법은 뇌 자체의 정신 활동을 즐거운 방향으로, 긍정적인 방향으로 제어하는 것이다. 수많은 경험, 생각, 행동이 사람의 뇌를 변화시킨다. 더 나은 생활습관으로 뇌가 괴로움을 치유하게 만들 수 있다.

뇌의 활동을 즐겁게 유도하려면 긍정적인 정서와 감정, 욕구, 행동을 일으키는 원인 등을 파악하고 그것에 맞게 대응해야 한다. 올바른 식습관과 규칙적인 운동, 충분한 수면, 안정적인 인간관계를 유지하도록 노력해야 한다. 그리고 글쓰기, 독서, 여행 등과 같은 활동으로 긍정적인 사고와 경험을 쌓는다. 즐거운 경험을 풍부하게 입력할수록 뇌의 건강이 증진되고 긴장감이 완화된다. 또한, 역경을 극복할 수 있는 인간의 탁월한 능력인 회복탄력성을 갖출 수 있다.

새로운
관점에서
바라보기

많은 사람이 나쁜 상황에서 끈질기게 버티면서 상황이 끝나기만을 기다린다. 그러나 이러한 상황은 삶을 불행하고 지치게 만든다. 가족, 관계, 직업 등에서 얻을 수 있는 행복의 기회를 빼앗아 가기도 한다.

때로는 관점을 새롭게 하기 위해 거리를 두어야 할 때가 있다. 경험을 밖으로 내어놓아 거울처럼 나 자신을 바라봐야 한다. 같은 사건과 경험, 감정을 새로운 관점에서 바라보면 나에 대해 한층 더 깊이 이해할 수 있다. 감당하기 힘든 괴로운 상황에서 느꼈던 생각, 느낌, 감정을 보다 작은 조각으로 나눠서 글로 쓰면 좌절감을 완화시켜 문제에 대한 이해력, 자신감, 통제력을 일으킬 수 있다.

관점에 변화를 주기 위해 여행을 가거나 수련을 할 필요는 없다. 자신을 다른 관점에서 바라보고, 무관심을 자아에서 분리하여 거리를 두어야 한다. 여행을 가는 것은 삶을 잠시 멈출 뿐 어떤 것도 해결해주지 않는다. 자신과 거리를 두는 것은 도망치라는 뜻이 아니다.

자신의 삶을 변화시킬 충분한 동기가 필요하다면, 이를 실천하기 위해 수행해야 할 몇 가지 방법이 있다.

첫째. 더 나은 의사결정 내리기

살아가면서 중요한 결정을 내려야 할 때가 있다. 이사, 이직, 관계의 전환 등과 같은 상황에서 관점을 달리하여 보자. 시공간 속에서 빠르게 앞으로 이동하여 이미 결정이 이루어진 관점에서 글쓰기를 통해 가치 있는 통찰력을 얻을 수 있다.

예를 들어, 이사를 가고자 하는 아파트 두 곳 중 한 곳을 선택해야 할 때 선택을 명료하게 하고 현명하게 결정하기 위해 두 가지 상황을 예측하여 써볼 수 있다. 이미 그곳에 이사하여 살아봤다는 관점에서 글을 써본다. 다 쓴 글을 읽어보면 잠재의식이 무엇을 기대하는지 결과가 보인다. 무의식일지라도 자아는 내가 발전적인 방향으로 가도록 인도해주며 내면의 지혜에 귀 기울이기를 바란다.

둘째. 다른 사람 이해하기

"남의 신발을 신고 2주 이상 걸어보기 전에는 그 사람을 함부로 판단하지 마라"라는 인디언 속담이 있다. 이 속담은 관점의 변화를 활용하는 또 다른 예를 제시한다. 나의 경험에 대해 1인칭으로 쓴 뒤에 다시 3인칭으로 화자를 바꾸어볼 수도 있다. 마치 다른 사람인 것처럼 가장하여 쓰면 그 사람의 입장에서 상황을 파악할 수 있다.

이러한 관찰로 피어오른 연민은 자신과 관계를 치유하는 매우 귀중한 도구다. 견디기 어려운 상황을 직접 경험한 사람이 자신의 관점이 아니라 다른 관점에서 바라보는 능력을 발휘할수록 실제로 신체·정서적 건강 증진에 도움이 된다. 똑같은 사물을

볼 때도 누구는 있는 그대로의 모습만 보지만, 또 누군가는 나름의 의미를 부여하고 새롭게 해석한다. 관점을 새롭게 하여 글을 쓰면 다른 차원에서 고통을 바라보는 시각이 생겨서 그 경험에 대해 폭넓은 이해와 수용이 가능해진다.

셋째. 선택하지 않은 길을 탐험하기

이 방법은 인생에서 가보지 않은 길의 가능성을 탐색할 수 있는 글쓰기 기법이다. 스스로 관찰자가 되어 위에서 자신을 내려다본다. 따뜻한 시선으로 겸손하게 자신을 관찰해본다. 저널 기법 중에서 관점의 변화 기법은 인생에서 가보지 않았던 길을 탐색할 수 있게 한다. 미래나 과거로 발걸음을 내디딜 수 있으며, 동정심과 공감으로 다른 사람과의 차이점을 이해하고 수용할 수 있다. 세상이 나를 위해 존재하듯이 다른 사람을 위해서도 존재한다는 것을 인정하고 세상에 대한 시각을 달리할 수 있다.

또한, 선택하지 않은 길을 탐험하여 삶을 새롭게 해석할 수 있다. 어떤 것을 하겠다는 선택은 어떤 것은 하지 않겠다는 선택이기도 하다. '만약 ~ 했다면' 또는 '만약 ~하지 않았다면' 과 같은 생각이 계속 떠오를 때, 선택하지 않은 상황을 선택했다고 가정하여 이후의 인생이 어떻게 변화할 것인지 써본다. 만약 결혼하지 않았다면, 만약 다른 직장에 다녔다면, 만약 이것이 아니라 저것을 선택했다면 어떤 결과가 나왔을지, 어떤 인생이 펼쳐졌을지 써본다.

지금까지, 괴로움을 만드는 주체가 뇌라는 사실을 살펴보았다. 뇌가 괴로움을 만들어내는 이유가 근본적으로 따져보면 생존을 위한 것이라는 사실도 알게 되었다. 그런데, 생존을 위해 괴로움을 만들어내는 메커니즘이 있다면 괴로움을 줄여주거나 완전히 없애는 방법도 있지 않을까? 마음의 치유를 위해 공부를 하다보니 전혀 다른 분야로 느껴지는 뇌의 작용에까지 이르게 되었다. 그러나 뇌의 기능과 작용을 잘 이해하는 것은 마음을 다스리고 감정을 추스르는 데 꼭 필요한 과정이라고 생각한다.

뇌를 더 자세히 알아야 할 필요가 있다는 결론이 나왔다. 지금부터는 뇌의 역할과 작용을 좀더 자세히 살펴보고 괴로움만을 주는 뇌가 아니라 즐거움과 만족감을 주는 뇌로 바꿀 가능성이 있는지, 만약 그렇다면 그 방법은 무엇인지 알아보자.

2

괴로움이
뇌
탓이라고?

괴로움은
뇌가
만든다

우리는 보통 기쁨과 즐거움보다는 불안과 걱정을 많이 느낀다. 행복보다는 부족함과 갈등을 더 잘 느낀다. 기쁨보다는 슬픔을, 유쾌함보다는 분노를 잘 느낀다. 모두 행복해지기를 바라면서 행복함을 느끼는 때는 아주 드물다. 우리는 왜 이런 부정적인 느낌을 더 많이, 더 자주, 더 잘 느끼는 것일까? 요컨대, 우리는 왜 괴로움을 느끼는가?

사람에겐 저마다 익숙한 감정이 있다. 기쁘고 즐겁고 행복한 게 익숙한가, 아니면 처지고 우울하고 슬픈 게 익숙한가? 행복을 일상적인 감정으로 삼은 사람은 별다른 일이 없어도 행복해한다. 익숙하기 때문이다. 우울함을 평소 감정으로 삼은 사람은 좋은 일이 있어도 그때뿐, 다시 우울해진다. 오히려 우울하고 안 좋은 감정을 찾아낸다. 거기에 익숙하기 때문이다. 감정은 습관이다.

　괴로움이 없는 상태, 즉 행복한 삶을 살려면 괴로움의 정체를 알아야 한다. 그러려면 뇌의 작동 원리를 간단하게 살펴볼 필요가 있다. 감정을 일으키고 마음 상태를 만들어내는 것은 뇌가 하는 일이기 때문이다.

　괴로움을 느끼는 것은 진화의 산물이다. 인간은 오랜 세월에 걸쳐 진화를 해왔고 뇌도 인간 삶의 방식에 맞추어 변해왔다. 인간은 살아남기 위해 부정적인 것에 즉각 반응하도록 적응해왔다. 생존을 위해 외부의 공격적인 자극에 민감하게 반응하고, 싸우거나 도망칠 준비를 빨리하기 위해 물려받은 유전자의 영향이다. 그 주체는 물론 뇌다.

　오랜 세월 동안 뇌는 괴로움과 고통을 빨리 알아채도록 진화했고, 뇌의 작용으로 부정적인 마음을 더 자주 느끼게 되었다. 문제는 부정적인 경험을 긍정적인 경험보다 먼저 기억하게 되었고, 성공한 경험보다 실패한 경험을 더 많이 저장한다는 데 있다.

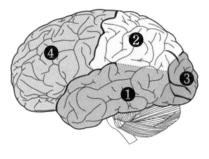

뇌는 크게 측두엽, 두정엽, 후두엽 그리고 전두엽으로 나뉜다.

❶측두엽은 대뇌피질의 양쪽 가장자리 부분으로 귀로 듣는 청각 정보 처리를 담당한다. ❷두정엽은 뒤통수 상부에서 운동과 관련된 운동중추 외에 촉각과 통증, 피부와 내장 근골격의 감각 신호를 담당한다. ❸후두엽은 뒤통수 아랫쪽에서 시각 중추, 사물의 상태 등과 같은 정보 처리를 담당한다. ❹전두엽은 이마 앞부분에서 언어 활동을 포함하여 기억하고 사고하는 높은 수준의 행동을 관장한다. 인간의 감정과 행동에 지대한 영향을 미치는 부분을 추리하고 문제를 해결하며 감정을 나누는 등 인간관계에 필요한 영역이다. 흔히 사이코패스와 같은 이상자들의 경우 전두엽의 크기가 작거나 비정상적 활성을 보이는데, 이 전두엽이 타인과 공감하고 다른 통로를 통한 정보까지 담당해 행동 조절에 관여하기 때문이다.

우리는 왜 기쁘거나 슬픈가? 왜 서로 돕거나 상처를 주는가?

이런 원인을 알아내는 것은 근본적이고 심오한 문제이지만, 뇌의 구조와 작동 과정에서 답을 찾을 수 있게 되었다. 수박 겉핥기로나마 신경과학을 살펴보는 이유는 우리 자신과 타인을 더 잘 이해하기 위해서다. 뇌가 어떻게 만들어졌는지를 알아야 내 마음을 더 잘 알 수 있기 때문이다.

마음의 괴로움은
몸의 병도
만들어낸다

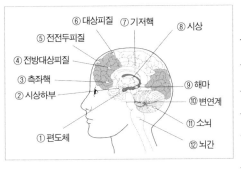

① 편도체
② 시상하부
③ 측좌핵
④ 전방대상피질
⑤ 전전두피질
⑥ 대상피질
⑦ 기저핵
⑧ 시상
⑨ 해마
⑩ 변연계
⑪ 소뇌
⑫ 뇌간

삶의 여러 가지 괴로움을 하나로 뭉뚱그려서 '스트레스'라고 부른다. 스트레스 속에는 온갖 것이 포함된다. 일상생활에서 처리해야 할 자질구레한 일부터 직장 생활, 사회생활에서 해결해야 할 문제, 가족, 친구, 친지 등 인간관계에서 소통하고 대처하고 반응해야 할 일들 등이다.

뇌의 구조

① 편도체: 정서적 자극에 반응하는 역할을 한다.

② 시상하부: 배고픔, 성욕 등의 충동을 조절한다.

③ 측좌핵: 동기와 행동에 관계한다.

④ 전방대상피질: 자기성찰, 주의 집중, 자기결정의 주도적 역할을 한다.

⑤ 전전두피질: 전두엽에서 가장 넓은 부위로 계획, 행동, 정서를 조정하고 지시한다.

⑥ 대상피질: 주의통제, 감정조절, 운동통제에 관여한다.

⑦ 기저핵: 보상, 자극 추구에 관계한다.

⑧ 시상: 후각을 제외한 모든 감각을 소뇌와 대뇌피질로 전달하는 중심부위다.

⑨ 해마: 기억을 형성하고 위협을 감지한다.

⑩ 변연계: 감정, 행동, 기억, 후각 등을 담당한다.

⑪ 소뇌: 주로 운동기능과 평형감각을 조절한다.

⑫ 뇌간: 대뇌와 척수를 이어주는 부분이다.

사람은 치열한 경쟁과 돌발 상황에서 스트레스를 받는다. 앞날을 예측하고 경제활동을 하며 인간관계를 맺음으로써 삶을 영위해나가는 생존 게임이 매일 벌어진다. 산다는 것은 그 자체로 끝나지 않고, 죽을 때까지 고생해야 하는 만성적인 괴로움의 쳇바퀴로 느껴진다. 이러한 일상적인 괴로움의 느낌을 우리는 '스트레스'라고 부른다. 현대인은 매일 스트레스를 느끼고, 일상은 작고 빈번한 괴로움의 장이 되어 버렸다.

이러다 보니 스트레스가 만병의 근원이라는 말도 생겼다. 자잘하지만 자주 튀어나오는 작은 규모의 괴로움은 우리의 신경을 자극하며 마음을 좀먹는다. 마침내 몸 여기저기에 통증이 생긴다. 스트레스 때문에 생기는 질병을 '스트레스 관련 질환'이라고 부르는데, 다음 표에 간단하게 정리했다.

계통	질환
정신신경계	불안, 우울, 불면증, 만성 통증
내분비계	당뇨병, 생리 전 증후군, 발기부전, 성욕 감퇴 등
면역계	감기, 독감, 염증, 감염에 취약
소화기계	위궤양, 대장염, 과민성 대장증후군, 설사, 변비 등
심혈관계	고혈압, 동맥경화, 심근경색, 협심증, 뇌졸중, 혈관성 치매 등

이런 다양한 질환들은 일상생활 속에서 자질구레하고 귀찮은 일들을 잘 다루는 기술을 익히고, 스트레스에 잘 대처하기만 하면 곧 증상이 사라지기도 한다.

스트레스란 뇌가 작용한 결과이며, 정신에 영향을 미치는 원인이다. 한편 스트레스가 몸의 상태에도 변화를 일으킨다는 사실은 어찌 보면 너무나 신기한 일이었지만 달리 보면 두려운 일이기도 했다. '마음이 괴로우면 몸에도 병이 생긴다'는 말은, 거꾸로 생각하면 '마음에 이상이 없으면 몸도 건강할 수 있다'는 뜻이었다.

마음과 정신을 내가 원하는 상태로 유지할 수 있다면, 괴로움을 근본적으로 없앨 수 있을 것이다. 그렇다면 마음의 괴로움을 일으키는 뇌도 내가 원하는 상태로 만들 수 있을까?

괴로움을
내 맘대로
바꾸면 된다

결론부터 말하면, 뇌는 바뀔 수 있다고 생각된다. 의학기술의 발달과 치밀한 연구로 뇌가 바뀔 수 있다는 사실이 새로운 논의를 끌어내고 있다.

흔히 뇌는 어린 시절에 한 번 만들어지고 나면 구조가 바뀔 수 없다고들 생각하는데, 현대 과학은 뇌도 변화될 수 있음을 밝혀냈다. 이것은 명상 수련자나 예술가들이 은유적으로 말하는 표현이 아니다.

2005년부터 훈련을 통해 뇌가 기능적, 구조적으로 바뀐다는 연구 결과가 나왔다. 심지어 2005년 개최된 신경과학회 학술대회에서는 뇌의 구조가 변화될 수 있다 '신경가소성' 이라고 한다는 연구 결과도 나왔다. 달라이 라마는 마음과 생각이 뇌에 영향을 미칠 수 있다고 말하기도 했다.

 20세기까지만 해도 뇌를 구성하는 뉴런 구조는 어린 시절에 형성되어 고정되고 나면 변화하지 않는다고 믿었다. 이를 증명할 직접적인 기술이 없었기에 그저 가설로만 여겨지던 것이 자기공명영상장비나 기능성자기공명영상장비의 발달로 뇌 속을 들여다 볼 수 있게 되면서 사실인 것으로 드러났다.

 인간의 뇌는 배우는 기관이므로 경험에 의해 변화한다는 사실이 밝혀지고 있다. '경험에 의존하는 신경가소성'이라는 연구 분야가 있다.

 예를 들면, 복잡하고 불규칙적인 대도시 도로를 운전하고 다니는 택시기사들의 뇌 속에는 시각중추 기억을 돕는 영역인 해마에 두꺼운 뉴런층이 발달했다는 사실이 밝혀졌다.

 또 오랫동안 마음수련을 한 티베트 불교 승려들에게서는 공감, 연민 등을 관장하는 뇌 피질 부분이 구조적으로 더 두껍고 크다는 점이 발견되었다.

 요컨대 인간의 경험은 뇌의 모양을 바꿀 수 있다. 그렇다면 좋

〈MRI 촬영〉

은 경험을 하면 뇌에 좋은 흔적을 남길 수 있고, 좋은 경험을 의도적으로 늘리거나 많이 하면 뇌가 행복해진다는 얘기가 된다. 이렇게 보면 "모든 것은 마음먹기에 달려 있다"라는 말이나 "늘 긍정적인 태도로 살아라"라는 말은 그저 듣기 좋아지라고 하는 격려가 아니다.

괴로움이 뇌의 작용이라고 했는데, 우리가 마음먹기에 따라 뇌의 모양과 상태가 달라진다니 얼마나 반가운 소식인가. 우리는 의도적으로 긍정적인 경험, 즐거운 상태, 명랑한 마음을 추구함으로써 뇌에 긍정적인 흔적을 남길 수 있다. '괴로움을 만들어내는 뇌'를 '행복감을 만들어내는 뇌'로 바꿀 수 있다. 뇌의 성질과 약간의 과학을 애써서 이해함으로써, 괴로움의 상태에서 벗어나 행복으로 바꿀 수 있다. 그것도 우리가 원하는 방향으로, 원하는 만큼, 원하는 때에 말이다.

행복은 왼쪽 뇌에 있다고 한다. 더 구체적으로는 왼쪽 전두엽에 있다. 정신 활동만으로도 의도적으로 뇌를 바꿀 수 있다는 놀라운 사실은 신경 과학이 입증한 매우 중요한 사실이다. 뇌 활동을 바꾸기 위해 할 수 있는 최선의 일은 정신 활동을 향상시키는 것이다. 이러한 방법이 우울증과 스트레스를 치료하는 방법으로 쓰이기도 한다.

선행, 이타주의, 휴식, 진실한 사랑과 우정을 바탕으로 한 인간관계 쌓기, 명상, 열정, 긍정적이고 희망적인 생각은 왼쪽 뇌 반구를 행복하게 만드는 활동들이다. 더 유연한 사고와 더 행복한 삶을 살고 싶다면 이러한 정신 활동으로 뇌를 점차 바꿔나가야 한다.

개인적인 경험을 바탕으로, 괴로움의 근원을 찾아보려는 노력이 낯선 분야로까지 이어졌다. 그러나 아직 갈 길이 멀다. 새롭게 얻은 지식과 정보가 내가 가려는 분야와 연결되어야 했다. 공부하고 탐구하는 분야는 신경과학의 영역이지만 내가 도달하고 싶은 곳은 정신적이고 추상적인 영역이면서, 불안과 괴로움 없이 일상의 삶을 살아낼 수 있도록 현실적인 기술을 제공하는 분야여야 했다.

불안, 고통, 괴로움으로 힘들어하는 일상에서 안심, 편안함, 평온함이 조용히 흘러가는 일상으로 돌아와야 했다. 내가 원하는 것은 그것이었다. 그러려면 감정을 조절하고 행복을 추구하고 시련을 이겨낼 수 있는 기술이 필요했다. 이 모든 이슈를 담고 있는 '뇌'라는 주제를 더 공부해야 했다. 다시, 뇌를 좀더 자세히 살펴볼 필요가 있다.

3

내 안의
또 다른 나,
뇌를
알아야 한다

뇌가
원하는 것은
무엇인가?

인간의 뇌는 신이 창조한 가장 정교하고 위대한 발명품이다. 인간의 뇌는 복잡하면서도 다양한 기능을 수행하고, 감정과 사고 능력, 인간관계에 깊숙이 관여한다. 인간의 두뇌가 차지하는 인체의 비율은 2%밖에 되지 않지만, 인체가 사용하는 에너지 중 20%를 사용한다고 한다. 두뇌에 전극을 연결하면, 그 에너지는 60W 전등을 켤 수 있을 만큼의 에너지를 발산한다. 이 신비로운 신체 기관이 세상을 바꾸어온 것이다.

뇌는 부정적인 감정일 때보다 긍정적인 감정을 느낄 때 행복감을 인지한다. 뇌를 단층 촬영하였을 때, 부정적인 감정에 사로잡혀 있을 때는 혈류량이 적었지만, 긍정적이고 감사하는 감정을 가졌을 때는 혈류량이 증가하여 뇌 활동이 활발해졌다. 긍정적인 뇌 활성은 타인을 이해하고 교감할 때, 감사한 마음을 가질 때, 다른 사람에게 위로를 받을 때, 칭찬과 격려를 받을 때, 하는 일에 몰입할 때 강해진다. 부정적인 감정, 비판적인 마인드, 타인에 대한 증오, 불신과 불안을 키우는 상태는 뇌가 가장 원하지 않는 방향이다.

그렇다면, 뇌가 행복한 감정을 활성화할 수 있도록 인위적으로 계발시킬 수 있을까?

누군가와 다툰 뒤에 한쪽의 사과와 용서로 해결이 되자, 며칠 잠을 못 자고 스트레스를 받았던 마음이 한순간에 사라진 경험이 있었을 것이다. 불안, 좌절, 인간관계 문제 등 부정적인 경험을 긍정적으로 바꾸고 대체하면 내면이 충만해지고 행복해지는 것을 경험할 수 있다. 우리의 뇌는 늘 행복과 안정을 선호한다.

의도적으로 긍정적인 경험을 떠올리고 집중하는 것도 좋다. 맛있고 달콤한 음식을 먹은 기억을 떠올리거나 재밌고 유쾌했던 대화, 책이나 영화의 인상적인 장면을 떠올리며 몰입하듯 생각에 빠져보는 것도 좋다.

특별한 자극을 주는 경험을 해보는 것도 도움이 된다. 정신적·육체적 쾌락과 즐거움, 기쁨, 애정, 열정과 활기를 북돋우는 에너지를 주는 활동 등으로 마음을 사로잡아 긍정적이고 좋은 경험을 뇌의 한 부분에 차곡차곡 쌓아 놓고 때때로 꺼내보면 불안과 스트레스가 풀린다.

뇌의 행복과 관련한 신경 호르몬 물질은 세로토닌이다. 세로토닌은 뇌의 긴장과 피로를 풀어주며 숙면을 유도할 뿐만 아니라 강력한 스트레스 호르몬인 아드레날린을 중화시켜 마음을 가라앉히는 기능을 하기도 한다.

평소 우울감에 시달리거나 부정적인 생각이 들 때 마음을 바꾸는 것이 어렵다면, 세로토닌의 분비를 늘리는 것도 좋은 방법이다. 세로토닌은 턱관절을 많이 움직이면 분비된다. 야구선수들이 경기에서 긴장될 때 껌을 씹는 이유가 정서적 안정에 도움이 되기 때문이다.

심호흡은 심장박동을 안정시켜 마음을 차분하게 가라앉히며, 평소보다 빠른 걸음으로 걸으면 세로토닌이 분비되어 15분 뒤에

최고조로 이른다. 세로토닌은 행복을 불러일으키는 호르몬으로서 따뜻한 마음으로 사랑하고 감사하는 마음을 지닐 때 자연스럽게 분비량이 늘어난다.

분노하는
뇌를
다스리려면?

분노는 자연스러운 감정 중의 하나다. 뇌에서 분노를 관장하는 부위는 편도체로서 특정 사건으로 분노를 느끼면 이 편도체가 활성화되어 스트레스 호르몬이 과도하게 분비되고 교감신경계가 활발하게 작용하기 시작한다. 그러면서 혈압과 심장박동수가 올라가고, 호흡이 빨라지고, 근육이 경직되면서 외부 반응에 공격적으로 대응할 수 있도록 신체 기능을 준비시킨다.

이때 신체는 자극에 반응할 뿐만 아니라 말과 행동으로 공격하기 시작한다. 분노, 화, 불안 같은 감정이 고조되면 통제력이 상실되고 분노로 인한 신체 반응이 더 큰 분노를 유발하여 악순환이 시작된다.

그런데도 희망적인 것은 인간의 두뇌는 균형을 지키려는 놀라운 힘이 있다는 사실이다. 누구나 화를 낼 수 있지만, 누구나 화를 조절하고 다스릴 수 있다. 분노조절장애가 있는 사람도 뇌를 다스리는 법을 알면 분노를 잠재울 수 있다.

화를 내야 할지, 아니면 참아야 할지 선택할 수 있다. 결론부터 말하자면 화는 참지도, 내지도 않으면 된다. 그저 느끼고 지나가기를 기다리면 화가 지나간다.

분노가 생길 때 다음 세 가지 질문을 해보자.

1. 이 분노가 정당한가?
☞ 사소한 일에 예민하게 구는 것은 아닌지, 누가 봐도 화를 낼 명분이 있는지 생각해본다.

2. 화를 내는 것이 문제 해결에 도움이 되는가?
☞ 대안은 없는지, 웃으면서 뜻을 전달할 수는 없는지, 내게 어떤 이익과 손실을 줄지 생각해본다.

3. 이 상황이 내 건강과 바꿀 만큼 중요한가?
☞ 화를 잘 내면 뇌와 심장을 해친다는 사실을 기억한다. 이 일이 내 수명 단축과 바꿀 만큼 중요한 일인지 생각해 본다.

분노조절장애처럼 분노를 제대로 통제하지 못하는 사람들은 부교감신경계를 활성화하는 연습이 필요하다. 부교감신경계는 심장박동을 안정시키는 신경계로 흥분이 지나치면 반대로 작동해 심장박동수와 혈압을 낮추고 근육을 이완시켜 균형을 맞춘다.

갑자기 분노가 치솟거나 극도로 불안하고 두려운 감정을 주체하지 못할지라도 의식적으로 모든 행동을 멈추고 천천히 심호흡하는 것만으로도 분노와 불안을 다스릴 수 있다. 분노는 15초면 정점을 찍고 낮아지며 15분이 지나면 거의 사라진다. 계속 화가 나는 이유는 뇌가 계속 되씹기 때문이다.

호흡을 깊고 천천히 하면서 근육을 의식적으로 이완시키는 연습을 해본다. 자신의 신체를 지배하는 교감신경계에 제동을 거는 것이다. 이러한 연습과 함께 분노를 유발하는 타인의 언행을 자신에 대한 공격이라고 생각하지 말고 상황을 좀 더 객관적으로 바라보려는 의지와 노력이 필요하다.

그래도 화를 내야 하는 이유가 생겼다면, 현명하게 화를 낸다. 유머를 구사하거나 논리적으로 지적한다. 핵심만 말하고, 감정을 싣지 말고 있는 그대로를 지적한다. 상대를 공격하지 않고도 내가 원하는 바를 전달할 수 있다. 보통 다른 사람에게 화를 내는 이유는 대부분 그 사람에게 거는 기대가 크기 때문이다. 실망은 분노를 만든다. 기대하지 않으면 분노가 사라진다.

언어의
역할

미국의 한 교도소에서 죄수들을 대상으로 어린 시절의 환경을 조사했다. 가난이나 결손 부모 등 겉으로 보이는 것들보다 더 큰 영향력을 미친 것이 있었는데, 바로 언어였다.

죄수들은 어릴 때부터 부모나 양육자에게 욕설과 부정적인 말을 많이 들었다. 사랑보다는 증오의 언어를 많이 듣고 자라면서 부정적인 자성예언으로 이루어진 것이다. 부모들은 홧김에 던진 말이었지만, 자라나는 아이에게 그 말 한마디는 모이고 모여서 삶과 미래를 바꿔버렸다.

'닭이 먼저인가, 달걀이 먼저인가' 고민하는 것처럼 말과 생각도 불가분의 관계에 있다. 그렇다면, 말이 생각을 바꿀까, 생각이 말을 바꿀까? 말하는 대로 생각하게 될까, 생각하는 대로 말하게 될까?

심리학자들은 말이 먼저라고 한다. 언어중추 신경계는 인체의 모든 신경계를 지배한다고 한다. 입에서 나간 말이 언어중추 신경계를 지배하면서 신체 전부를 지배한다. 예를 들어, '공을 던진다' 라는 문장을 읽어보자. 뇌에서는 신체가 공을 던지는 행위를 할 때와 같은 부위가 즉시 활성화된다. 특정한 언어를 읽고 듣고 말할 때 뇌는 이미 그 언어대로 행동하도록 신체에 명령을 내린다. 무엇을 할 수 있다고 말을 내뱉는 순간, 뇌가 70% 정도는 이룰 수 있도록 프로세스를 작동시킨다. 말은 의사소통의 수단이며 생각, 감정, 의지를 담은 도구이자 태도, 행동의 발현이다.

말버릇을 바꾸면 행운이 시작되고 사람이 바뀐다. 결과적으로 언어가 생각을 지배한다. 사람이 파괴적인 행동을 하느냐, 혹은 생산적인 행동을 하느냐는 평소 쓰는 언어에 달려 있다. 교도소의 죄수들이 어렸을 때부터 부정적인 말을 자주 듣고 자랐다는 것처럼, 실제로 욕설과 비관적인 언어를 자주 듣고 자라면 성인이 되어서도 매사에 부정적이고 비관적으로 대응할 가능성이 높다.

반대로 어렸을 때부터 감사하는 말, 긍정적인 언어, 앞으로의 가능성에 대한 신뢰의 언어를 자주 듣고 자라면 성인이 되어서도 자신의 삶과 주변 사람들에게 감사하고 매사를 긍정적으로 생각하는 습관이 자연스럽게 몸에 배게 된다. 말 한마디가 인생을 바꾼다.

말과 긍정적인 대화에 대한 뇌과학 연구를 살펴보자. 예를 들어, "아니요"라는 말은 스트레스 호르몬 코르티솔의 분비를 촉진하는 반면에, "네"라는 말은 행복 호르몬인 도파민을 분비하게 만든다. 비슷한 연구에서, 애정이 담긴 긍정적인 표현은 긍정적인 자아상, 정서적 의사 결정을 하는 전전두엽 피질을 활성화한다. 즉, 위로와 사랑의 언어는 자아 인식을 증진시켜 더 나은 결정을 내리도록 인도한다.

말을 하지 않고 단지 '슬픔, 우울, 죽음, 괴로움, 고통, 질병, 암' 등과 같은 부정적인 단어를 읽는 것만으로도 불안함이 점차 커진다. 부정적인 한 마디는 다섯 마디 이상의 긍정적인 말을 들어야 상쇄된다. 말의 잠재력 힘은 강력하다. 단지, 살아있다는 것에 감사하는 표현으로 하루를 시작하고 하루를 끝맺는 것만으로도 심신의 건강을 크게 증진시켜 준다.

유대인 육아법을 보면, 아이가 말의 뜻도 모를 때부터 "네, 할 수 있어요"라는 말을 습관처럼 한다. 하루에도 몇 번씩 엄마가 먼저 할 수 있다고 말하기 때문에 아이들은 그 뜻을 알지도 못하면서 저절로 따라 하다가 뇌에 각인이 된다. 그리고 할 수 있다는 자신감을 자연스럽게 체득한다. 전 세계 60억 인구의 약 0.25%에 불과한 유대인이 세계를 장악하는 힘은 이러한 언어 환경에서 비롯되었으며 어릴 때부터 말의 힘으로 행복한 삶을 영위해가고 있다.

말의 영향력은 내가 남에게 줄 수도 있고, 남이 나에게 줄 수도 있으며, 내가 나에게 줄 수도 있다. 내가 자주 하는 혼잣말을 적어보자. 그 말이 부정적인 의미를 담고 있다면 당장 버리고, 긍정적인 힘을 주는 말로 바꿔보자.

"잘 될 거야"라는 응원의 말, "괜찮다"는 격려의 말, "잘했다"는 칭찬의 말을 매일같이 하면 긍정적인 영향을 받고 인생이 바뀌는 기적을 경험하게 된다.

시련을 행운으로
바꾸는 비결은
무엇일까

시련과 역경을 극복하려면 개인의 의지가 중요하다. 그러나 그런 의지는 저절로 생기지 않는다. 매일 꾸준히 운동을 해야 근육이 생기듯이, 마음에도 근육이 있어서 단련하면 할수록 단단해져 시련을 이겨낼 힘이 키워진다. 이처럼 역경을 이겨내는 마음의 근육을 지칭하는 것은 '회복탄력성'이다.

역경으로 인해 나락으로 떨어졌더라도 강한 회복탄력성이 있다면 원래 있었던 위치보다 더 높은 곳까지 튀어오를 수 있다. 실패를 성공의 원동력으로, 오늘의 아픔을 내일의 기쁨의 원천으로 삼을 수 있다. 바람을 타고 춤을 추는 연은 강한 바람이나 역풍이 불 때 오히려 바람을 타고 높이 날아오른다. 마찬가지로 회복탄력성이란 바닥까지 떨어진 사람이 그 바닥에서 주저앉지 않고 바닥을 치고 다시 튀어오르는 힘을 뜻한다.

면역력을 향상하기 위해 평소 기초 체력을 다져놓아 바이러스나 각종 질병을 이겨내듯이, 평소 마음을 단련하여 회복탄력성을 키워놓으면 인생의 역경과 시련이 닥쳤을 때 이겨낼 힘이 생긴다.

회복탄력성은 스트레스나 역경에 대한 정신적인 면역성이 있어서 한 단계 발전하는 계기를 만든다. 뇌 과학에서는 역경을 희망으로 바꾸는 회복탄력성이 강하면 예기치 못한 상황에 부닥쳤을 때, 자신의 실수를 민감하게 모니터링해 낯선 외부 자극에 적응해나간다고 한다. 긍정적인 사람은 외부의 나쁜 자극을 받았을 때 이성을 관장하는 안쪽 전전두피질이 활성화되고 정서 조절을 담당하는 편도체 및 뇌섬엽과의 연계 활동이 활발히 이뤄지면서 부정적인 감정을 쉽게 극복하는 반면, 부정적인 사람은 그렇지 못한 것으로 나타났다.

회복탄력성이 높은 사람의 뇌는 인지신경적으로 외부 시련에 더 민감하게 반응하고 잘 대처한다. 이런 사람들은 반복적인 실수를 재빨리 알아채서 적극적으로 피드백을 받아들인다. 새로운 실수나 시련을 두려워하지 않는다. 어려운 일이 닥쳤을 때 감정을 통제하고, 자신의 감정에 스스로 휘말리지 않는다. 실패나 실수에 대해 긍정적인 태도를 보이고, 실패를 줄일 수 있도록 다시 도전한다. 당장 해야 할 일이 있을 때는 유혹과 방해를 이겨내는 내구성이 강하다. 화를 화로 받지도 않는다. 화내는 사람의 의견부터 듣고, 대부분 상황에서 문제의 원인을 찾아 분석하려 애쓴다.

회복탄력성이 낮은 사람의 뇌는 실수를 과도하게 두려워한다. 실수나 실패를 피하거나 외면하여 현실을 인정하고 새롭게 도전하려는 경향도 낮다. 시련이 닥칠 때마다 전보다 더 두려워하는 마음이 커져 같은 실수와 실패를 반복한다.

로또에 당첨된 사람들의 행복도 조사를 해봤더니 당첨된 순간의 행복도는 상당히 높았지만, 시간이 지나자 원래대로 돌아왔다. 불행한 일도 마찬가지다. 교통사고로 장애인이 된 사람들의 행복도도 대부분 시간이 충분히 지나자 원래 수준으로 돌아온다는 사실이 밝혀졌다. 인생에서 일어나는 일은 대부분 일시적으로만 행복하거나 불행하게 만든다.

이렇게 외부 사건으로 발생한 만족감은 일시적인 행복감만을 준다. 진정한 행복을 얻으려면 긍정적인 사고로 뇌를 긍정적으로 변화시켜야 한다.

회복탄력성을 높이려면 뇌의 긍정성을 높여야 하고, 그러려면 긍정성을 습관화하는 작업이 필요하다. 규칙적인 운동은 늙은 세포에 새로운 연결망을 만들어내어 뇌세포에 혈액과 영양을 공급한다. 감사하고 칭찬하는 습관은 심장박동수의 변동 주기를 이상적으로 유지해준다. 마음의 회복탄력성은 꾸준히 단련해야 키워진다고 한다. 실수했더라도 이겨내려는 마음, 꾸준히 마음의 근육을 키워나가는 노력이 필요하다.

뇌는 부정적인 감정을 느낄 때보다 긍정적인 감정을 느낄 때 행복함을 느낀다고 했는데, 그렇다면 뇌가 원하는 감정 상태는 불안, 좌절, 우울, 괴로움보다는 긍정, 편안함, 즐거움, 기쁨일 것이다. 뇌가 육체와 감정을 모두 통제하는 것이라면, 몸과 마음의 상태를 내가 원하는 방향으로 끌어가려면 뇌를 좋은 쪽으로 자극해야 하는 것이다.

공부의 중간 평가로 여기까지 이르자 좀 더 체계적인 치료가 필요함을 절감하게 되었다. 뇌를 긍정적으로 자극하고 행복감을 느끼게 할 수 있는 구체적인 방법은 무엇일까? 불안감을 없애고 시련을 행복감으로 바꾸는 데 필요한 신경호르몬물질의 분비량을 늘리고 뇌로 가는 혈류량을 증가시키려면 어떤 방법이 가장 효과적일까?

내가 선택한 방법은 글쓰기였다. 글은 인간의 감정과 생각에 대한 치료적 매개체로서 오랫동안 중요하게 여겨졌지만, 가장 쉽고 가장 효과적으로 뇌를 자극하는 방법은 바로 글쓰기다. 여러 가지 글쓰기 중에서도 저널 쓰기는 일관된 형태를 유지할 필요가 없고 대단히 자유로운 형식이기 때문에 뇌의 여러 영역을 풍부하게 활성화한다는 면에서 최적이다.

여기서 '저널'이란 일반적인 일기를 치료법으로 변형시킨 새로운 형태의 일기로서, 더 감정적이고 내적인 삶에 집중된 성찰적 글쓰기를 말한다. 내가 직접 정신분석을 받았을 때의 경험과 공부를 계속하면서 마음을 치유하는 수단으로써 글쓰기를 선택할 때 가장 염두에 두었던 것이 저널 쓰기였다. 아이를 돌보며 받은 긴장과 스트레스를 글로 쏟아내면서 감정이 해방되고 자연스럽게 자아성찰이 시작되는 것을 경험한 뒤로는 더욱 저널 쓰기의 효과에 대해 확신을 가지게 되었다.

저널 쓰기라는 것이 마음을 치유하는 가장 좋은 수단임을 깨닫고 나서는 '저널 치유'를 더욱 구체적으로 공부하고, 그것을 바탕으로 심리치유 프로그램으로 발전시키는 방안을 구상하게 되었다. 저널 치유와 나의 운명적인 만남이 본격적으로 시작된 것이다.

4

나쁜 감정 대신
나에게
집중하는
치유의 세계

쓰기만 해도
치유가
시작된다

저널 치유는 감정의 응어리를 글쓰기를 통해 외부에 표출하여 심신의 건강을 돕는 치료법으로 알려져 있다. 억압된 심리적 에너지는 신체에 영향을 미쳐 위장 장애, 복통, 두통과 같은 증세를 발생시킨다. 이때 고통스러운 마음을 글로 표현하면 스트레스가 해소되고 마음이 안정되어 신체에 끼친 증세가 자연스럽게 치유될 뿐만 아니라 면역기능을 강화하고, 질병의 회복 시간을 단축하며, 육체·심리·사회적 건강을 증진한다.

글쓰기는 뇌를 끊임없이 자극하며 기억력, 사고력 등을 주관하고 다른 연합영역에서 들어오는 정보를 조정하고 행동을 조절하는 기능을 하는 전두엽을 활성화한다. 글쓰기는 우울증을 비롯

한 각종 정서장애를 예방하고, 치매 환자의 재활에도 도움이 된다고 밝혀졌다. 이처럼 저널 치유는 정신과 육체, 감정의 건강과 행복의 증진, 문제 해결, 성장과 치료를 목적으로 한 지극히 사적이며 자유로운 성찰적 글쓰기이며 자신의 마음을 읽는 행위다.

1966년 이라 프로고프Ira Progoff 박사는 글쓰기 치료 효과에 관심을 가지고 전파하기 시작했다. 그 후 대중적으로 전파한 사람은 캐슬린 애덤스Kathleen Adams로 문학 치료에 저널 치유를 적극적으로 도입했다. 글쓰기 기법을 모은 12개의 저널 도구상자를 제시하여 대중적으로 폭넓은 글쓰기 치료의 힘을 전파하고 있다. 미국에서는 정신과 환자, 약물 중독자, 교도소 수감자 등에게 활용하고 있으며, 학생들에게는 교육 목적의 일일 저널 쓰기가 좋은 효과를 거두고 있다.

이미 서기 400년경 아우구스투스는 《고백록》에서 "글은 치료적 매개체일 뿐만 아니라 자기 점검의 도구"라고 말했다. 안네 프랑크는 독일의 유대인 소녀로 나치가 네덜란드를 지배한 시기에 쓴 일기로 유명하다. 그녀는 "나는 글을 쓰고 싶지만, 그 이상을 원한다. 나는 내 마음속 깊이 묻혀 있는 온갖 것들을 모두 끄

집어내고 싶다"라고 말했다.

마음을 치유하는 도구로서의 글쓰기는 결국 일기 쓰기, 즉 저널 쓰기가 최상의 방식이다. 저널은 나만의 비밀을 털어놓기에 시간과 공간의 제약이 전혀 없으며, 글을 쓸 수 있으면 누구나 할 수 있다. 노트 한 권 값에 해당하는 저렴한 상담 비용으로 마음의 짐과 고통을 모두 덜어낼 수 있다.

저널은 개인의 성장과 감정치료를 위한 도구다. 일기라는 형식을 이용하여 커다란 마음의 평화와 조화, 건강과 행복을 발견할 수 있으며 자아로 가는 마음의 문을 열어준다. 저널 치유의 목적은 자기 자신과 건강한 관계를 만드는 데 있다.

반성적 글쓰기를 통해 치료 효과를 모색하는 저널 치유의 목표를 크게 보면 다음과 같다.

- 자신을 더 잘 알 수 있다.
- 문제해결을 위한 방법이 된다.
- 나를 위한 시간, 나만을 생각하는 시간을 갖는다.
- 개인적인 역사를 기록한다.

- 힘들고 불편한 인간관계를 극복한다.
- 글쓰기의 즐거움을 느낀다.

저널 쓰기를 하면 구체적으로 다음과 같은 효과가 있다.

- 당신이 겪는 고통뿐 아니라 기쁨에 대해서도 성실하게 기록해준다.
- 흘린 눈물뿐 아니라 웃음에 대해서도 자세히 기록해준다.
- 비극적 상황에 대한 세세한 기록만큼 승리에 대해서도 세세하게 기록해준다.
- 힘겨운 여정뿐 아니라 즐겁고 신나고 열정적인 여정도 있음을 깨닫게 된다.

글쓰기는 '자가 치유' 의 훌륭한 도구가 될 수 있다고 믿는다. 즉, 답은 자기 안에 있고, 그것을 종이 위에 표현하고 직면하는 과정에서 스스로 치유할 수 있다. 글쓰기 연습은 세상의 가치에 대한 보다 선명하고 확고한 감각을 일깨우며, 비록 힘들고 절망적일 때조차 삶은 여전히 아름답다는 사실을 받아들이는 능력을 길러준다.

종이와 펜만 있으면 시작할 수 있는 글쓰기는 탁월하고 편리한 치유 도구다. 또한, 많은 상담 선생님을 찾아헤매는 것보다 자기 자신을 구원할 수 있는 가장 효과적인 방법이다. 상처를 치유하는 첫 과정은 바로 그 상처를 드러내는 것이라는 점을 이해한다면, 외부인보다는 자기 자신에게 말을 거는 일이 한층 쉬운 방법이라는 것에 공감하게 된다.

저널 치유의
근본 원리

"글을 쓰는 것은 가장 저렴하고 가장 정확하게 나를 변화시키는 방법이다."

《글쓰기 치료》의 저자 제임스 페니베이커James Pennebaker 교수가 한 말이다. 미국에서는 수십 년 전부터 '저널 치유'라는 이름으로 글쓰기의 효과와 우수성을 연구해왔다.

글쓰기는 수천 년간 인간이 영위해온 고귀한 작업이다. 글쓰기는 인간의 감정과 생각을 표현하는 수단이지만 그 자체로 치료 효과가 입증되었다. 기분 나쁜 일을 적기만 했는데도 그 기분에서 벗어난 경험, 도무지 답을 알 수 없는 고민에 빠져 있을 때 글로 적었더니 정리가 되는 경험을 해본 적이 있을 것이다.

저널은 일반적인 일기를 변형한 것으로 자신의 아픔과 실패와 고통, 때로는 가슴 설레는 사랑을 고백하고 쏟아내는 장소다. 상처 입고 고통받은 경험에 대한 생각과 느낌을 그저 종이에 적는 것만으로도 정신과 육체의 건강을 증진하고 감정이 해소되고 행복을 북돋울 수 있다.

저널 쓰기로 여러 종류의 괴로움을 없앨 수 있다. 괴로움의 원인 중 가장 많은 것은 실패에 대한 두려움과 걱정이다. 걱정의 85%는 일어나지도 않을 쓸데없는 걱정이며, 10%는 해결할 수 있는 걱정이며, 나머지 5%가 어쩔 수 없는 걱정이라고 한다. 실패에 대한 두려움과 걱정을 객관적인 현실과 비교하여 쓰다 보면 해결책을 쉽게 찾을 수 있다.

걱 정	현 실
올바른 결정을 내리지 못하면 어쩌지?	지금까지는 대부분 제대로 된 결정을 내렸다.
이 사업은 실패할지도 몰라.	아직 시작하지 않았으므로 실패하지 않았다.
이런 광고로 좋은 소문이 날까?	입소문이 퍼지고 있고 SNS 광고도 효과가 있다.

가족을 실망시키면 어쩌지?	나는 누군가를 기쁘게 하기 위해 사업을 하는 것이 아니다.
나는 한참 모자란 것 같아.	나는 유능하고 재능이 있으며, 동종업계의 비슷한 경쟁자들에게 지지 않을 것이다.

실제로 비교해본 결과 걱정과 현실은 다르다. 스스로 생각하는 두려움은 현실의 상황에 영향을 미치지 않을 정도다. 실패에 대한 두려움과 앞선 걱정을 스스로 만들어냈음을 눈으로 확인한 다음에는 재빨리 두려움에서 벗어나야 한다. 글쓰기를 통해 현재 상황을 점검하면 효과를 발휘한다.

이처럼 어떤 문제에 골몰하면 그 문제에 빠져들어 현실의 상황이나 조건을 똑바로 볼 수 없게 된다. 이럴 때 저널을 쓰면 객관적으로 자신을 바라볼 수 있고, 풍부하고 긍정적인 삶의 모습을 일깨워주는 계기가 된다.

비슷한 예로 저널 쓰기를 통해 '제한'의 인식을 '긍정'의 인식으로 바꿀 수 있다. 두려움, 불완전함, 신념을 제한하는 것들을 적어보고 긍정적으로 바꾸는 일은 자신감과 자존감을 높인다. 예를 들면, 다음과 같다.

제한하는 것	긍정적으로 바꾸기
나는 완벽해야 한다.	실수해도 괜찮다.
내가 친절하지 않으면, 사람들이 나를 싫어한다.	사람들은 내 모습을 있는 그대로 인정한다.
나는 혼자 일해야 한다.	남과 의논하거나 도움을 청할 수 있다.
아는 척, 있는 척해야 알아준다.	잘 모르고 당황해도 괜찮다.
항상 행복한 척 가면을 쓴다.	내 모습은 인간다운 한 부분이다.
누군가에게 버림받을까 봐 두렵다.	난 나 자신을 사랑한다.

내가
그동안 해온
저널 치유의 효과

저널 치유 글쓰기의 목표는 자존감을 높이고 인간관계를 좀 더 편안하게 만드는 데 있다. 상담적인 글쓰기의 궁극적인 목표는 결국 치유와 변화로 다가왔다.

대상은 주로 30~50대가 되는데, 그동안 무관심했던 나 자신의 마음에 대해 적극적으로 만나보는 시간을 갖는다. 구두로 하는 상담과 달리 글을 쓰는 작업이기 때문에 자신의 감정을 말로 표현하는게 서툰 사람에게 필요하다. 실제로 일어난 일이나 느낌과 생각, 감정을 말로 표현하기 힘들 때 도움이 된다. 감정은 말로 내쏟는 것보다 글로 표현할 때 더 명확해진다. 글을 써놓고 내가 왜 이런 글을 썼나 놀라기도 한다. 글쓰기를 통해 자신의 감정을 객관적으로 보면서 자신도 몰랐던 복잡한 내면이 정리되는 효과를 볼 수 있다.

우리는 어려서부터 글을 쓰면 검열받고 평가에 익숙한 터라 글쓰기를 어려워하는 사람들이 많다. 또한, 잘 써야 한다는 생각에 압박감이 들어 술술 써지지 않는다. 글쓰기에는 규칙이 없다. 정말 위대한 작가는 규칙을 깨는 사람들이다. 자신만의 언어와 자신만의 감정으로 이 세상에 한 번도 쓰인 적이 없는 글을 자유롭게 쓰면 된다.

글쓰기로 치료 효과를 보려면, 삶의 의지가 강하고 적극적이어야 효과가 가장 크다. 수술 집도의가 명의인 것도 중요하지만, 환자 당사자가 얼마나 삶에 대한 의지가 있느냐에 따라 수술 후 완치의 성패가 갈리는 것과 같다. 힘들고 괴로운 기억과 경험을 글로 쓰다 보면 카타르시스의 순간을 맞이한다. 털어내고 지워내고 잊어버리는 과정을 겪고 나면 새로운 날을 살아갈 수 있는 희망과 기운을 얻는다. 이것이 바로 저널 치유의 순기능이다.

저널 치유는
정신 건강을 위한
최고의 도구다

〈심리치유 글쓰기 수업〉은 자신을 들여다볼 수 있는 글쓰기를 통해 자신감과 긍정의 힘을 스스로 찾는 것을 목적으로 한다. 10명 정도의 소그룹으로 이루어지는 수업을 하면서 서로 마음을 열고 하나의 주제로 대화를 나누며 각자 글을 쓰면서 자신이 몰랐던 모습, 자신을 억누르고 힘들게 하는 부정적이고 어두운 면을 마주하는 시간을 갖는다. 그 과정을 통해 위로를 받게 되고 스스로 어려움을 극복하며 긍정의 힘을 얻을 수 있다.

저널 치유 수업은 초기 기억 쓰기, 질병과 나, 내 몸에 편지 쓰기, 자기 배려, 그림책 읽고 독후감 쓰기, 버킷리스트 쓰기, 유서

쓰기 등과 같이 소재가 정해지는 대로 글을 쓴다. 잘 쓸 필요도 없고 많이 쓸 필요도 없다. 글을 잘 쓰기 위한 수업이 아니라 자신의 내면을 들여다보고, 자신이 겪고 있는 어려움에 대해 치유를 받고자 하는 수업이다. 더구나, 글을 잘 쓰려는 수업이 아니므로 첨삭을 하지 않는다.

- 실천 방법 -

〈기억 쓰기〉
과거로부터 지금까지 나에게 의미가 있었던 기억을 써본다.

〈질병과 나〉
무엇 때문에 내가 아픈지 생각하고 글로 써본다.

〈내 몸에 편지 쓰기〉
마음에 있는 모든 것을 끄집어내어 편지를 써본다.

〈자기 배려〉
나 자신에 대해 긍정적인 생각을 불어넣을 수 있는 방법을 써본다.

〈그림책 읽고, 독후감 쓰기〉

그림책을 읽고 어떤 위로와 교훈을 받았는지 써본다.

〈버킷리스트 쓰기〉

지금 정말 하고 싶은 것을 떠올려보고 목록을 작성해본다.

〈유서 쓰기〉

마지막 순간에 남기고 싶은 이야기를 써본다.

글을 다 쓰고 나면 내가 글쓴이의 마음을 찾아낸다. 한 부분을 짚어내어 질문을 해보고 그림으로도 표현해보라고 지도한다. 다 그린 후에는 모두 다 같이 자신의 글, 그림을 나눈다. 사생활을 위해 글을 빼고 그림만 간단히 소개하는 때도 있다. 이후에 간단한 상황극을 하면서 위로가 필요할 땐 위로를, 지지와 격려가 필요할 땐 지지와 격려를 해준다.

수업하면서 가장 보람을 느끼는 때는 수강생들이 그동안 다른 이에게 하지 못했던 말을 털어놓고 울기도 하고 그동안 잊고 지

냈던 일들이나 사람을 떠올리며 힘을 얻기도 하는 순간이다. 특히 부모님을 용서하고 이해하는 과정을 보게 될 때 더욱더 그렇다. 그래서 수업을 진행하면 절반 이상은 눈물의 수업이 되고 만다. 신기하게도 울면서 감정을 해소하고 나면 얼굴빛이 점점 환해지고 후련함을 느낀다. 사람은 눈물로 마음의 가시를 내보내는 것 같다.

내 속마음을 누군가에게 털어놓으면 상처가 치유된다. 겉으로 드러난 상처는 치료하면 되지만, 마음속 상처는 꺼내지 않는 한 절대 치료할 수가 없다. 아플수록 꺼내봐야 하는데, 이때 가장 솔직한 도구는 바로 글쓰기다. 글쓰기는 남이 아니라 나를 위한 글쓰기다. 내가 현재 어떤 모습으로 살아가는지 아무 조건도 따지지 않고 앞으로 행복한 인생을 살 수 있다고 믿게 해준다.

처음 이 수업은 상담사 자격증을 취득한 뒤 같이 공부했던 동기 상담사들 위주로 진행했다. 집단 상담처럼 약간의 인원을 모아서 하나씩 소재를 정해 자신의 어린 시절 기억을 떠올리며 써보는 작업이었다. 효과에 대해서는 동기인 상담사 선생님들 모두 심리 글쓰기의 우수성을 인정했다. 그들의 평은 긍정적이었으며, 다음과 같다.

"쓰레기통 찌꺼기를 쏟은 것 같아 시원해요. 분리수거가 됐어요."

"매번 뜻밖의 나를 발견하고 자존감이 높아졌습니다."

"내 일상에 감사하며 살아야겠다는 생각이 들었어요."

"엉킨 실타래를 풀어낼 수 있었습니다."

"자신에 대해 되돌아보는 시간을 가지면서 나를 더욱 사랑하게
되었어요."

"마음의 놀이터에서 신명 나게 놀면서 강력한 에너지를 발견했습니다."

"즐겁고 행복해서 다음 글쓰기가 기다려집니다."

저널 치유는
구체적으로
어떻게 진행하나요?

1) '초기 기억'을 쓴다

저널 치유를 위한 글쓰기의 주제로는 뇌가 완성되는 10세 이전의 기억이 좋다. 분명하지 않고 잘 기억나지 않지만 지금의 나를 완성한 단초이다. 기억나는 만큼만 쓰면 되며 그림을 곁들이면 이해도를 높일 수 있다.

쓰기의 소재는 제한이 없지만 가장 접근하기 쉬운 주제는 자신의 어린 시절 이야기다. 수업에서 소재를 정해주며 가령 학교, 병원, 소풍, 시장 등으로 접근하여 어린 시절과 연관이 깊은 단어들로 생각이 나므로 쓰기가 편하다.

2) 솔직하게 쓴다

마음속에 떠오르는 모든 생각을 최대한 솔직하게 쓴다. 폭발할 듯 화가 났던 순간, 때리고 싶도록 미운 사람, 해보고 싶지만 하면 안 되는 일, 정말 나쁜 일, 정말 추한 일에 관해서 쓴다. 그것들을 종이 위에 쏟아내본다. 진심과 진실, 사실과 감정을 빠르게 써나간다.

종이 위에 분노를 쏟아내면 글을 쓰는 동안 편두통이 사라질 것이다. 다시 읽기에도 겁날 정도로 솔직하고 강렬한 내용이라면 종이를 찢어버리며 즐거워하면 된다. 잘게 잘라 꽁꽁 숨겨두거나 불에 태워버리면서 감정을 해소하고 해방감과 짜릿함을 느껴 보자.

어떤 감정을 느끼더라도 모두 정상적인 감정이다. 분노는 실수가 아니며, 잘못된 감정이 아니다. 두려움이나 슬픔도 마찬가지다. 이 모든 감정은 순수하고 정직하고 인간적이다. 다만, 그 감정들을 수습하고 잘 처리하는 것만이 중요하다.

3) 자유롭게 쓴다

저널에는 형식도 규칙도 없지만, 딱 한 가지 규칙이 있다면, 바로 '어떤 규칙도 없다' 는 것이다. 자신에게 알맞은 방법으로 자연스럽게 쓴다. 마음이 내키면 쓰고 마음이 바뀌면 노트를 덮는다. 자신의 성향과 스타일에 맞게 쓰면 된다.

줄이 없는 스프링 노트가 좋다. 펜보다는 연필을 권한다. 자유롭게 쓰고 싶은 만큼만 쓰고 그림도 간단히 곁들이면 좋다.

자신감을 가지고 자유롭고 편안하게 쓰고, 이야기를 꾸며내도 된다. 어린아이가 스케치북에 마음대로 그림을 그리고 끼적이듯이 쓰면 된다. 고통과 괴로움, 약점과 단점, 어리석음과 부끄러움, 보석 같은 순간과 눈물이 흥건한 인생의 순간을 마음껏 쓰면 된다. 그런 글을 쓸 수 있는 사람은 단 한 사람, 당신뿐이다. 저널 쓰기는 인생의 작은 기쁨이다.

5

나를 위한
5단계
셀프
치유법

1

심리 글쓰기
수업

수업의 정식 명칭은〈나를 사랑하는 시간: 심리 글쓰기〉인데 평소 관심이 없었던 자신의 마음을 심도 있게 살펴보는 시간이다. 용서할 수 없는 사람, 지워지지 않는 상처, 풀리지 않는 인간관계에서의 갈등 등에서 자신을 사랑하는 시간을 갖는다. 처음에는 심정이 더 복잡해져서 밤에 술 한잔하고 싶을 수도 있지만 그 짜증나는 지점이 '특이점' 이라고 보면 된다.

소재를 정해서 떠오르는 이야기를 쓰는데, 가장 어린 유년 시절도 쓰고 지금 이야기도 쓴다. 과거의 나를 들여다봐야 나를 사로잡는 무의식을 알 수 있기에 해야 하는 작업이다. '지금 여기에 집중하라' 는 가르침대로, 우리에게 주어진 이 공간, 이 시간을 제1순위로 삼고 쓴다. 과거에 집착하기만 하면 현재를 놓칠 수 있으므로 과거의 이야기도 지금 여기에서의 인물과 연결짓는다.

글 쓰는 시간은 15분에서 20분 정도로 정해서 쓴다. 먼저 쓰신 분부터 내가 다니며 차례대로 글을 살펴본다. '상담은 석유 시추 작업'이라는 말도 있듯이, 그 글 속에 숨어 있는 당사자의 이슈를 짚어주고, 그 부분에 대해 질문해서 자세히 얘기하게 한다.

그래서 더 자세히 쓰거나 그림으로 표현해보라고 하는데, 이 수업에는 스프링노트와 연필 외에 색연필이 필요하다. 솔직하게 글을 쓰는 연습이 쌓이면 점점 글솜씨가 향상된다. 그림을 곁들이기도 하므로 그림 솜씨도 늘어난다. 공책 대신 질 좋은 스케치북에 하다 보면 나중에 근사한 자신만의 작품집이 남는다.

쓰고 그린 걸로 수업이 끝나는 것이 아니라 수업에 함께한 다른 이들과 내용을 나누기도 한다. 글을 잘 썼거나 특별히 감동적이면 낭독을 권하고 함께 나눈다. 조건 없는 지지가 약속된 그룹에서 타인에게 박수를 받으며 영혼의 기운을 북돋우는 시간을 경험할 수 있다.

글 대신 자신이 그린 그림만 보여주며 부연 설명하기도 하는

데, 읽는 분이 조심스럽고 두려울 수 있기에 배려하며 서로 지지해주고 칭찬해주는 것이 자연스럽게 이루어지므로 감동의 시간이 된다. 친한 친구에게도 하지 못했던 얘기, 가족에게도 하기 어려운 얘기가 나오기도 해서 서로가 굉장히 고맙고 소중한 사이가 된다.

　낭독해서 자신의 과거를 나누는 일은 타인을 신뢰하는 훈련이 된다. 낯선 이들 앞이지만 부끄럽고, 아픈 자신의 과거를 드러냈을 때 그 사람이 공감해주고 지지해주면 그런 경험들이 쌓여 인간관계가 덜 힘들어진다.

　수업한 경험으로 보았을 때, 심리 글쓰기 3년이면 웬만큼 다 털어낸 상태가 된다. 처음 1년은 유년의 오래된 아픔을 꺼낸다. 2년차에는 어느 정도 회복이 되어 무의식에 있는지도 헷갈리는 기억, 그러나 너무나 강력한 아픔들이 나온다. 상담사와의 신뢰가 충분한 상태여야 가능하다. 1년간 이야기들을 털어놓고 함께 울면서 체득한 신뢰로 누구에게도 말하지 못했던 이야기가 나온다. 그렇게 2년을 하고 나면 진심으로 편안해짐을 느낀다.

　3년차에는 주로 20대 전후한 이야기, 그러니까 비교적 덜 심각하지만, 여전히 나를 불편하게 하던 이야기들이 나온다. 이 정도 연차면 수강생 자신도 익힌 스킬이 많아서 꺼내놓은 마음의 장애물과 상처를 쉽게 이겨낸다.

3년 정도 글을 쓰다 보면 좋은 글들이 많이 쌓여서 수정 작업을 거쳐 책으로 내기도 한다. 아름다운 글들이 꽤 모여서 따로 자서전 수업을 한다. 그리고 나서 문집 형식으로 나만의 책을 출간하도록 격려한다. 부끄럽기 짝이 없는 나의 허술한 편집 실력에도 그분들은 모두 감동을 하셨고 보물이라고 하셔서 뿌듯하다.

2

엄마
수업

　아이가 태어나면 엄마라는 가슴 벅찬 호칭을 얻는다. 명문대를 나와 누구나 부러워하는 직업군을 가진 사람도 자신이 태어나 가장 잘한 일은 "ㅇㅇ이를 낳아 ㅇㅇ이의 엄마로 사는 것"이라고 한다. 엄마가 되면 지금까지와는 전혀 다른 세상을 만난다. 엄마가 전부인 아이와 오직 사랑이라는 굳건한 신뢰에서 시작하는 이 조합은 그 누구도 깰 수 없는 관계다.

　세상의 모든 부모는 자녀가 꽃길만을 걷길 바라고 행복하게 살기를 원한다. 그러려면 아이는 부모의 사랑을 듬뿍 받고 자라야 한다. 부모와 자식과의 관계가 즐거운 시간으로 가득 차려면 좋은 추억을 얼마나 차곡차곡 쌓느냐에 달려 있다. 좋은 추억이 많을수록 부모에 대한 좋은 감정이 많고 훗날 힘든 일을 겪을 때 좋은 추억을 꺼내어 다시 도약할 힘을 얻을 수 있다. 이 세상에서 나를 믿고 사랑해주는 단 두 사람, 부모가 자신을 믿고 사랑한다는 사실만으로도 아이에겐 큰 힘이 된다.

그러나 어떤 가정일지라도 소소한 고민은 있게 마련이고 아이가 자기 뜻대로 커나가지 않으면 조금씩 관계가 일그러지기 시작한다. 아이와 부모의 기질이 다른 경우가 많아 육아에 있어 어려움을 호소하는 경우가 많다. 많은 사람과 상담하다 보면 결국 어린 시절의 부모와의 관계에서 비롯된 문제가 많다.

어렸을 적 부모에게 받은 상처, 부모처럼 살고 싶은 바람이나 부모처럼 살지 않기 위한 몸부림, 실망과 부담감 등을 듣다 보면 결국 무의식에는 어른이 되어도 사라지지 않는 어린 시절의 욕구와 환상이 남아 있다. 그런 의미에서 "아이는 부모의 스승"이라는 이야기가 맞다. 결국 성장하려면 자기 안에서 미처 자라지 못한 채 상처받은 아이의 모습을 발견하고 그 존재를 이해하고 극복해야 한다.

많은 부모가 문제는 자녀에게 있다고 생각한다. 하지만, 먼저 변해야 하는 사람은 부모다. 부모가 자녀와 부딪히는 가장 큰 이유는 부모의 과거 기억과 연결되어 있기 때문이다. 부모는 자신의 어린 시절의 상처를 자녀 양육에서부터 분리해야 한다. 어린 시절의 아픈 경험과 상처의 원인을 찾아내어 극복하고 자신의 감정과 생각을 정리할 수 있어야 좋은 부모다. 더는 그때의 어린아이가 아니라는 것을 인정하고 과거의 상처에서 벗어나야 한다. 자녀는 부모의 부산물이 아니라 새로운 인격체라는 점을 깨달아야 한다. 이대로 포기할 수 없는 것은 엄마이기 때문이며, 가정은 어떤 일이 있어도 지켜내야 하기 때문이다.

많은 육아서가 부모를 위한 교육을 담고 있지만, 저널은 부모 자신을 먼저 돌보도록 한다. 제대로 양육하려면 부모가 먼저 성장해야 하고, 부모가 행복해야 아이도 행복한 양육을 할 수 있다. 이 세상 어떤 부모도 자신의 질병을, 자신의 단점을 아이에게 남겨주고 싶어하지 않는다. 아직도 해결하지 못하고 가슴 깊이 묻어둔 자신의 상처를 가시처럼 드러내어 아이에게 상처를 주고 있지 않은지 돌아보자.

"문제 아이는 없고 문제 부모가 있다"는 말처럼, 무의식에 숨겨진 자아를 발견하고 자녀와 함께 부모도 성장해 나가야 한다.

부모 입장에서 쓰는 저널은 부모가 어떻게 아이를 양육할 것인지에 대한 보다 깊은 깨달음을 준다. 저널은 부모가 자녀를 기르기 전에 자신을 돌보고, 부모로서 성장하도록 끌어내어 오직 사랑으로 있는 그대로의 아이를 인정하며 기를 수 있게 한다. 저널에는 자녀와의 소통, 사랑을 기반으로 한 양육, 매일 성장하는 부모의 자아 성찰 등을 기록할 수 있다.

3

감사 일기
쓰기 수업

감사가 가진 치유력에 대해 연구해온 캘리포니아 주립대학의 폴 밀스Paul Mills 교수는 환자들에게 감사 일기를 쓰게 한 후 정신·신체적 변화를 관찰했다. 그 결과 감사 일기를 쓴 그룹은 일반 치료만 했던 그룹에 비해 심혈관 질환의 원인이 되는 염증 수치가 크게 낮아진 것으로 나타났다.

감사하면 마음이 행복해지는 이유는 바로 뇌 활동과 관련이 있다. 감사함을 느끼면 뇌의 측두엽 중에서도 사회적 관계 형성과 관련된 부분과 쾌락 중추가 상호 작용해 도파민, 세로토닌, 엔도르핀 등 이른바 행복 호르몬이 분비된다. 이로 인해 우리 몸은 심장 박동과 혈압이 안정되고 근육이 이완되면서 행복감을 느끼게 된다.

과학적으로도 입증된 이러한 감사함의 효과를 내 몸의 일부인 것처럼 만드는 것이 중요하다. 꾸준한 훈련과 연습으로 습관으로 만드는 것이 중요한데, 많은 전문가가 권유하는 방법이 '감사 일기' 다. 쓰는 데는 하루에 5분밖에 걸리지는 않지만, 인생에 큰 영향을 끼친다. 쓸 시간이 없다는 변명은 핑계다.

아침에 일어나 감사히 여기는 세 가지를 써보자. 잠자리, 일하러 갈 직장, 오늘 하루의 즐거운 계획 등에 관해서 쓸 수 있다. 오늘 하루를 멋지게 만들 세 가지를 쓸 수도 있다. 맛있는 식사를 하고, 누군가에게 안부 전화를 걸고, 산책하러 나간다. 그 후에 '나는 할 수 있다, 나는 행복하다, 나는 멋지다' 등과 같은 나를 칭찬하는 긍정적인 문구를 쓴다. 이러한 문구는 하루를 긍정 에너지로 채우고 설레는 하루를 시작할 수 있게 한다.

밤에는 잠자기 전에 저널을 쓴다. 오직 자신과 노트와 펜만 있다는 사실에 몰입하여 오늘 일어난 일을 생각하고, 자신의 마음을 들여다보자. 반성해야 할 것, 개선해야 할 것이 있는지 적어보고 극복해서 성장할 수 있는지 자신에게 솔직해지는 시간을 갖는다.

하루에 단 몇 분, 사소하고 삶에 영향을 미치지 않을 것 같은 이 작은 습관이 시간이 지남에 따라 보다 긍정적이고 보다 많은 동기를 유발한다. 작은 것들에 감사하기 시작하면서 자기 생각, 문제를 다루는 방식에 변화를 느끼기 시작하고 삶이 달라지고 있음을 깨닫게 된다.

감사 일기를 꾸준히 쓰기 위한 기본 원칙 7가지를 제안한다.

1. 아침에 세 가지 감사 거리를 쓰고, 잠자리에 들기 전 저널을 쓴다.
2. 매일 쓴다.
3. 긍정적인 문구, 스스로 칭찬하는 문구를 쓴다.
4. 현재 상황을 구체적으로 쓴다.
5. 당연하게 여겼던 사소한 것부터 감사의 대상으로 삼는다.
6. 이제까지 한 번도 감사하다고 생각하지 못했던 것들에 감사한다.
7. 좋은 일뿐 아니라 나쁜 일, 힘든 일에도 감사한다.

꾸준히 감사 일기를 쓰면 자신의 생활을 새로운 관점에서 볼 수 있고, 긍정적인 어휘와 표현이 정서와 사고를 긍정적으로 바꿔준다. 좋았던 일에 감사함으로써 삶의 긍정적 측면을 바라볼 수 있고, 좋지 않았던 일에 감사함으로써 부정적 측면에서도 긍정적 에너지를 발견할 수 있다. 손으로 글을 쓰는 행위는 심리적인 안정감을 주기도 하지만, 두뇌 활동을 활성화하여 행복 호르몬을 분비시켜 삶에 대한 행복지수를 점차 올린다.

4

그림책
수업

글쓰기를 할 때, 그림책을 이용하면 쉽게 접근할 수 있고, 책 속의 주인공이 어린 시절 내 마음을 만나게 해주는 징검다리 역할을 해주어 재미도 있다. 그림책이라고 하면 수준이 낮고 만만할 것 같지만, 많은 생각을 떠올리게 하고 화젯거리가 풍부해진다. 그동안 수업을 하면서 큰 효과를 냈던 사랑스러운 명작을 몇 작품 소개한다.

1) 자존감을 살리고 싶다면 《뛰어라 메뚜기》, 다시마 세이조, 보림출판사

어린이도서연구회가 달아준 추천평은 이렇다.

"겉으로는 아무 일도 없어 보이는 조용한 수풀 속에도 자세히 들여다보면 살아남기 위한 생명의 치열한 경쟁이 있다. 그 속에서 약자일 수밖에 없는 메뚜기는 겁에 질려 산다. 그러던 어느 날, 대담하게 남의 눈에 뜨이는 곳에 나온다. 거친 자연의 치열한 생존 법칙을 담은 매우 보기 드문 그림책이다."

이 책은 읽고 나서 뒤에서 앞으로 거꾸로 읽는 것도 권한다. 해피엔딩으로 끝나는 이야기를 거꾸로 읽어보면 꿈 많고 힘이 있던 주인공이 시간이 지나 퇴색한 모습을 느끼게 해주어 우울해진다. 마치 학창시절 꿈 많고 열정이 있던 자신의 모습이 세월이 지나면서 초라해지는 모습과 겹치는 체험이다. 여기서 주저앉을지 일어나서 다시 젊은 날처럼 활기찬 사람이 될지 의미 있는 고민을 하게 한다. 절판이 되었다가 다시 재출간된 명작이다.

2) 관용이 필요하다면 《검피 아저씨의 뱃놀이》, 존 버닝햄, 시공주니어

"강가에 사는 검피 아저씨네 집에 배가 있다. 어느 날, 검피 아저씨는 배를 끌고 강가에 나온다. 동네 꼬마들, 토끼, 고양이, 개가 차례로 배에 올라탄다. 결국 모두 하지 않기로 한 행동을 해서 배가 뒤집히고 만다. 그러나 검피 아저씨에게 케이크와 차 대접까지 받고 집으로 돌아간다."

이 책은 나에게 치료 서적이나 다름없다. 아니, 하지 말라는 걸 다 해버린 애들을 아무 조건도 없이 모두 용서해주다니 이런 사람이 있을까? 강박적이기만 했지 포용이나 용서를 몰랐던 나에게 무한 감동을 주는 주인공이었다. 자신을 용서하는 것은 세상에서 가장 어려운 일일 수 있다. 자신에게 엄격하고 타인에게도 엄격해서 우리 사회에 관용, 포용, 칭찬 같은 단어가 인색해지고 있다. 죄책감은 잘 쓰이면 약이지만 지나치면 독이 되어 악순환만 될 뿐이다. 아이도 좋아하고 어른도 좋아하는 검피 아저씨의 매력에 빠져보면 어떨까?

3) 학교가 여전히 불편하다면 《지각대장 존》, 존 버닝햄, 비룡소

"늘 지각하는 존과, 존의 말을 믿지 않는 선생님을 통해 교육 문제를 제기하는 책이다. 존은 날마다 학교 가는 길에 예상치 못한 일이 생겨 지각하곤 한다. 그때마다 선생님에게 지각한 이유

를 말하지만, 선생님은 존에게 더욱 더 심한 벌을 준다. 교육에서는 이해와 관심이 가장 중요함을 깨닫게 하는 책이다."

　　어린 학생이 지각했는데 사연을 설명해도 선생님은 당최 한 번도 믿어주지 않는다. 이건 여담인데, 상담이 되지 않는 직업군이 있다. 목사, 교사, 영양사다. 이들의 공통점은 그들의 대상에게 '반드시' 가 존재하기 때문이라는 것이다. 세상에서 가장 성스럽게 여겨지는 존재인 엄마도 마찬가지다. 강력한 울타리를 치고 있는 사람에게는 들어갈 수도, 나갈 수도 없다.

4) 엄마가 아직도 용서가 안 된다면 《무릎딱지》, 샤를로트 문드리크, 한울림 어린이

"어느 날 아이가 사랑하는 엄마를 잃었다. 아이는 엄마의 죽음에 대해 분노하고 부정하다가 그 감정이 점차 애틋한 그리움과 집착으로 바뀌는 것을 느낀다. 이 과정에서 할머니와의 대화를 통해

가슴속의 '무릎 딱지'가 떨어지고 매끈한 새살이 돋아나는 것을 경험한 아이는 엄마가 항상 자신의 가슴 속에 살아 있다는 것을 깨닫는다."

그 많은 그림책 중에서 이만한 최루 효과를 내는 책은 없을 것이다. 긴 말 하지 않겠으니 꼭 한번, 나이에 상관없이 읽어보기 바란다. 글밥이 많은 편인데 읽기 귀찮다면 첫 문장만 읽고 삽화를 보며 감상해도 괜찮다.

5) 사랑이 그립다면 《100만 번 산 고양이》, 사노 요코, 비룡소

"100만 번 산 고양이는 100만 번 죽고 다시 살아난 고양이다. 많고 많은 사람과 함께 지내며 수많은 경험을 했지만, 만족한 삶을 살지는 못했다. 누구보다 자신만을 사랑했던 100만 번 산 얼룩 고양이는 주인 없는 자유로운 몸이 되었을 때 가장 큰 행복을 느꼈다."

자세도 당당한 고양이, 100만 번이나 살았다는 의기양양 위풍당당한 이 고양이 때문에 일본 여성들, 한국 엄마들이 울고 말았다는 소문을 알고 있는가? 인간이 가장 두려워하는 죽음을 넘어서는 자아의 폭발적인 에너지를 보여준 책이다.

러시아의 문호 투르게네프는 이런 말을 했다.

"사랑은 죽음보다도, 죽음의 공포보다도 강하다. 우리는 오직 사랑에 의해서만 인생을 버텨나가며 전진을 계속하는 것이다."

5

상실
수업

정신의학자 엘리자베스 퀴블러 로스Elizabeth Kubler Ross가 말한 '상실의 5단계' 모델이 있다. 차례대로 '부정, 분노, 타협, 우울, 수용'이다. 내 아이가 장애아라는 건 받아들일 수 없는 일이었다. 치료를 받으면 나아질까 기대했지만 착각이었다. 장애인 판정이 나자 분노가 일었다. 특히, 갑자기 친절해진 주위 사람들에게는 참을 수 없는 분노가 일어나 관계를 끊고 싶었다. 그때 나는 건드리기만 하면 곧 폭발할 상태였다. 머리에서 가슴까지의 기나긴 거리를 가는 동안 18년 정도 걸렸다. 수용의 단계로 오기까지 분노와 타협, 우울함이 뒤엉켜서 왔다.

상실의 슬픔을 다루는 과정은, 먼저 일어난 일을 부정하고, 분노를 느낀다. 슬픔이 지배적인 감정이 되었다가 결국 상황을 받아들인다. 하지만 이 과정은 매우 고통스럽고 그 고통이 침체로 이어진다. 이별을 부인하는 데에는 오랜 시간이 걸린다. 얼굴을 떠올리는 것조차 상처가 된다. 차라리 화를 내고 일어난 일에 대해 누군가를 원망하기가 더 쉽다. 그래서 상실을 겪은 사람은 스스로 간히고 만다. 울지도 슬퍼하지도 못하고 마음속에 끓어 넘치는 감정을 표출하지도 못한다. 절망은 무언가를 하려는 의욕을 꺾는다. 앞으로 나아갈 힘을 잃고 구렁텅이에서 빠져나올 수 없다고 믿게 된다.

그러나 슬픔은 고통과 수용 없이는 치유되지 않는다. 슬픔에 갇혀 구렁텅이에 빠졌다고 생각하지 말고 긴 터널을 통과하는 중이라는 인식의 전환이 필요하다. 터널에 들어가면 다시 빠져나와야 한다. 인생은 끊임없이 무언가를 얻고, 잃는 과정에서 완성된다. 삶이 있어 죽음이 있고, 죽음이 있어 삶이 더 소중하다. 상실은 끝end이 아니라 계속되는and 삶이다.

죽으면 더는 아픔 없이 평화로울 것이라는 걸 알고 있지만, 남아 있는 사람에게 죽음은 홀가분하지 않다. 현실에서 맺어온 관계와 추억이 갑자기 끝나버린다는 충격이 크기 때문이다. 이제는 만날 수 없다는 상실감이 남은 사람에게 견디기 어려운 고통이 된다. '상처받을 준비가 된 사람'으로 살지 슬픔의 알갱이로 진주알을 탄생시킬지 선택하라.

그러다 어느 순간 얼굴이 가물가물해지는 때가 온다. 그리고 그 사람이 없는 일상에 적응하고 추억을 떠올리며 행복해하며 웃음을 짓게 되는 때가 온다. 그래서 상실로 떠나보내고 나서도 여전히 함께 추억을 떠올리며 마음속에 살려놓을 수 있다.

우리 사회는 '죽음'을 입 밖으로 말하기를 꺼리는 분위기가 있다. 감정을 솔직하게 드러내면 경박하다고 한다. 그러나 사람은 감정적인 존재다. 감정이 앞서는 것이 정상이다. 감정을 억누르면 화병이 생긴다. 이러한 감정을 마음 놓고 표출할 수 있는 방법은 글쓰기다. 버지니아 울프는 아버지를 잃은 상실감에 죽음의 공포로 잠식되어 있었다. 그런 그녀에게 글쓰기는 가장 좋은 치유이고, 가장 좋은 위로였다.

글쓰기는 감정을 치유하는 힘이 있다. 감정에 대해 글을 쓰다 보면 감정이 정리되고 다 쓴 글을 읽어보면 객관화가 되어 남의 일처럼 느껴지기도 한다. 우리 뇌는 부정적 감정에 휩싸이는 것을 좋아하지 않는다. 그러나 생존에 유리하기 때문에 부정적인 감정에 익숙해한다. 남을 순순히 믿는 것보다 경계하는 편이 생존에 유리하다. 예기치 않은 공격에 방어하여 살아남아야 하기 때문이다.

미국의 심리학 연구팀에서 두 그룹에 일기를 쓰게 했다. 한 그룹은 그날 한 일을, 다른 그룹은 그날 느낀 감정을 쓰게 했다. 그날 한 일만 쓴 그룹은 별다른 특이점이 없었지만, 감정에 관해 쓴 그룹은 정신적으로 신체적으로 훨씬 건강해졌다. 글을 쓰면서 내면을 들여다보고 부정적인 감정에서 헤어나오게 된 것이다. 현실을 부정하다가 현실을 받아들이기까지 마음의 준비를 하며 현실에 점차 적응해나간다.

잃어버린 존재의 소중함을 깨닫게 되고, 주변 사람과 일상의 소중한 가치를 알게 된다. 감정을 잘 다스리게 되면 회복탄력성이 좋아져 마음 근육이 단단해진다. 글을 쓰다 보면 감정을 훌훌 털어내고 "그래, 이제 괜찮아"라고 정리할 수 있다. 글은 흥분하고 정신없이 바빠 들떠 있을 때보다는, 오히려 화가 나고 슬프고 괴로울 때 더 잘 써진다. 누구나 글이 잘 써지는 기분이 있다. 대개 불안, 긴장, 우울, 괴로움과 같은 부정적인 감정 상태에서 글이 더 잘 써지고, 쓰고 나면 카타르시스와 같은 후련함과 개운함을 느낀다.

좋은 감정일 때는 순간을 즐기고, 부정적인 감정일 때는 글에다 쏟으면 된다. 글쓰기의 좋은 소재는 감정이다. '미래'에 대한 고민, 걱정, 선택과 '현재' 느끼는 불만 불평과 '과거'에 관한 반성, 후회와 '관계'에 대한 시기, 질투, 미움 등과 같은 감정이다. 기쁨喜, 분노怒, 슬픔哀, 즐거움樂, 공포懼, 사랑愛, 혐오嫌, 증오憎, 욕망欲과 같은 7가지 감정에 대해 글로 써보자. 수많은 감정을 글에 어떻게 녹일 것인지 고민하면서 감정에 대해 알아보는 것도 도움이 된다.

상처 입은 마음은
반드시 치유될 수 있다

〈심리 글쓰기 수업〉을 하다 보면 자신의 상처를 보게 된다. 피하고 살았던 문제, 용기가 나지 않던 그때를 지나 비로소 오늘을 직면했을 때, 그 시간은 거룩하다. 누군가의 마음을 들여다보는 그때, 그 공간만의 특별함을 누리는 순간은 경외감이 들 정도다. 분열되었던 내가 비로소 비무장 지대에서부터 통합이 이루어진다.

그동안 두려워했던 그 순간이, 고통스러울 줄만 알았던 그 순간이 나를 다시 태어나게 한다. 그래서 나는 영혼의 산파다. 나역시 여러 명의 산파 덕분에 새롭게 태어난 인생이다.

내가 가장 사랑하는 책 한 권을 꼽으라면 엘리자베스 퀴블러로스의 《인생 수업》이다. 20세기 최고의 정신의학자이며 호스피

스를 만든 선구자 퀴블러 로스는 죽음을 눈앞에 둔 이들을 인터뷰했고 이들이 주는 지혜의 메시지를 우리에게 전달했다. 그녀는 이렇게 말했다.

"도서관에 있는 수십만 권의 지식을 아는 것보다 나 자신을 아는 지식이 더 소중하다."

장애아 엄마라는 굴레를 뒤집어쓰고 미소를 잃어버린 채 살던 어느 해 겨울, 이 책은 서점가 베스트셀러 목록을 장식하고 있었다. 제목은 끌리지만 책을 읽고 싶은 여유마저 없던 그때, 한 목사님이 권하셨다. 기독교 서적은 아니지만 분명 많은 깨우침이 있을 거라셨다. 역시 책을 손에서 놓기가 힘들었다. 주옥같은 여러 교훈 중에서 유독 내게 남은 메시지는 '인생이라는 학교에서 배우라' 는 것이었다.

나는 '다 잘해낼 수 있다' 라는 무시무시한 착각에 사로잡힌 채 살고 있었다. 출산과 육아에 사로잡힌 내 정체성은, 건강하고 똑똑한 아들딸을 고루 낳아 좋은 엄마로 완벽한 가정을 이루며 사는 것이었다. 이런 나 같은 사람이 지금 이렇게 상담사로까지 활동하고 있는 걸 보면 '인간에게는 대형 수소폭탄 30개를 터뜨렸을 때와 맞먹는 에너지가 있다' 는 말이 맞는 것 같다. 다만, 우리는 그런 에너지를 활용하는 방법을 모를 뿐이다.

결국 바닥까지 치고 나서야 비로소 궁즉통窮則通 논리로 나는 부활했다. 그러므로 지금 좌절하고 있는 당신, '괜찮다' 라고 말한다.

"살고 사랑하고 웃으라. 그리고 배우라."

셀프치유에 대해 느낀 점을 공란에 채워보세요!

20 년   월   일

이름

마음의 상처를 끌어내려면 참여가 필요합니다.

자기를 돌아보고, 자기중심적이었던 부정적인 마음을 버리면 본래부터 갖고 있던 크고 넓은 마음과 함께 편안하고 행복한 삶을 영위하게 됩니다.

양성희심리치유센터 소개

마음의 상처와 심리적 압박 속에서 자기 자신을 진단하고 점검하여 새로운 삶을 열도록 돕는 심리치유센터입니다. 현재 전국 상담센터 및 특강을 통해 세미나를 진행하고 있으며 1대1 면담, 상담 케어, 특강 등을 통해 진행되고 있습니다.

프로그램

힘들고 어려웠던 이들이 자신에 대한 깊은 관심과 이해를 통해 긍정적인 생각을 키우고 배려와 통찰력을 통해 가치 지향적인 삶을 찾아 내가 바라던 행복한 삶을 찾게 해주는 프로그램입니다.

기본 과정	1회	2회	3회	4회	5회
	글쓰기 수업	엄마 수업	감사일기 수업	그림책 수업	상실 수업

교육 신청 및 수강 안내

대표 : 0505-527-5755   이메일: etoile-119@naver.com

더 이상 나를 건드리지 말아줘

초판 1쇄 인쇄 2019년 08월 16일
  1쇄 발행 2019년 08월 26일

지은이	양성희
발행인	이용길
발행처	**모아북스** MOABOOKS

관 리	양성인
디자인	이룸
기 획	모드원

출판등록번호	제 10-1857호
등록일자	1999. 11. 15
등록된 곳	경기도 고양시 일산동구 호수로(백석동) 358-25 동문타워 2차 519호
대표 전화	0505-627-9784
팩스	031-902-5236
홈페이지	www.moabooks.com
이메일	moabooks@hanmail.net
ISBN	979-11-5849-109-3 13180

이 도서의 국립중앙도서관 출판예정도서목록(CIP)은 서지정보유통지원시스템 홈
페이지(http://seoji.nl.go.kr)와 국가자료종합목록구축시스템(http://kolis-
net.nl.go.kr)에서 이용하실 수 있습니다. (CIP제어번호 : CIP 2019030864)

모아북스 MOABOOKS 는 독자 여러분의 다양한 원고를 기다리고 있습니다.
(보내실 곳 : moabooks@hanmail.net)